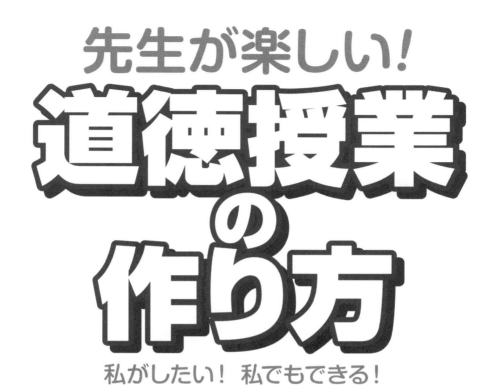
先生が楽しい！
道徳授業の作り方
私がしたい！ 私でもできる！

毛利 豊和

はじめに

　道徳が教科になった。

　H30年度、全国を対象にした私の現場での講演や指導助言が、延べ50回を超えた。師範授業と名付けられ、いきなりの現場で北海道で、京都で、大阪で、滋賀で、何度も実践授業をした。正しく道徳教科元年である。

　推進が着々と進むところと進まぬところ、温度差は激しい。ポイントは、先生が楽しんで取り組んでいるか否か。「これでいいのかな」「自信ないなあ」…いやだなあ。では、折角の教科化も力を発揮しない。

　先生になった方々の多くの動機は、「子どもたちと楽しい時間をすごしたい」「子どもたちの生き方に関わっていきたい」であろう。この思いが夢いっぱいの学校教育となり、道徳教育の目指すところと重なる。

　現場の先生方が、その道徳教育を楽しむことをイメージし、作成したのが本書である。子どもたちが楽しいのは当然のこととして、まず、先生が楽しむ。そこから、夢いっぱいの道徳教育が始まる。

　作成に当たり、実践教材やその扱い方が書面でうまく伝わるのか。伝わりにくい読み物以外の教材紹介が多く、不安は、大いにあるが、本書のほとんどが、私がどこかで実践したことであり、その内容は、子どもたちが、先生方が楽しめたものであったと自負している。私の楽しい実践から、それぞれの先生方が自分らしい実践を生み、楽しむことを願っています。「先生が楽しめた」その時点で、子どもたちにとって、良き時間・良き場所になっていると考えています。

　この書で、全国の先生方を応援します。

平成30年11月
北海道岩見沢市立岩見沢東小学校にて
「おしゃべりゲーム」

もくじ

第1章 子どもたちとの信頼関係を楽しむ ―― 6
第1節 相思相愛でこその心の教育 ―― 6
第2節 先生が楽しめる道徳 ―― 10

第2章 何からでも学べることを楽しむ ―― 14
第1節 身の回りのものを教材にする ―― 14
第2節 有名人に学ぶ ―― 28
第3節 道徳の時間における人に学ぶこと ―― 42
第4節 先生が面白いと思うものは全て道徳の教材となる ―― 44
ほっと一息① ―― 52
ほっと一息② ―― 53

第3章 「一人道徳」で子どもの力がつくことを楽しむ ―― 54
第1節 「一人道徳」とは？ ―― 54
第2節 現代の諸課題と「一人道徳」 ―― 56
第3節 子どもの将来への希望を育む「一人道徳」 ―― 57
第4節 治癒力を伸ばす「一人道徳」 ―― 58

Q&A 1〜20 ―― 60
ほっと一息③ ―― 108

第4章 みんなで取り組むことを楽しむ ── 109
- 第1節 全校で共通教材を実践する ── 109
  - ほっと一息④ ── 121
  - ほっと一息⑤ ── 127
- 第2節 「チーム道徳」で取り組む ── 128

第5章 はじめの一歩を楽しむ ── 130
- 第1節 道徳の時間とは はじめの一歩① ── 130
- 第2節 道徳の時間の作り方 はじめの一歩② ── 131
- 第3節 評価について はじめの一歩③ ── 134
  - ほっと一息⑥ ── 135

第6章 自己研鑽を楽しむ ── 136
- 第1節 自我関与を楽しむ ── 136
- 第2節 内容観点一覧表で楽しむ ── 138
- 第3節 道徳授業アイテムで楽しむ ── 142
- 第4節 意欲的に研究を楽しむ ── 149
- 第5節 指導技術の向上を楽しむ ── 150
- 第6節 多忙感を楽しむ ── 153

おしゃべりゲーム作品集 ── 157
- ほっと一息⑦ ── 163
- おしゃべりゲーム ── 164
- ほっと一息⑧ ── 166

第1章
子どもたちとの信頼関係を楽しむ
第1節
相思相愛でこその心の教育

先生、授業が楽しそう！

相思相愛、相互理解

　好きこそものの上手なれ。好きなら力がつくことは周知である。子どもたちが、先生を好きであるか否かは、教育活動をすすめる上で最も重要なポイントである。

　好きには様々な要素があり、特に好きな人との時間では、「意欲関心を持ちやすい」「素直に取り入れることができる」「期待に応えようと、力が出る」となる。

　信頼面・意欲継続面など、その効果は計り知れなく、好きな人との時間が、学びにおける意欲のポイントとなる。小学校における道徳教育の取り組みは、全学校教育活動にわたり、そのほとんどを担任の先生と過ごす。先生が好きか否かは、最重要ポイントであり、その信頼関係の最たるものが相思相愛であることを忘れず、教育活動を進めていきたい。

　心の教育においては、好きの力は、なおさらのこと。「互いが好き」とする相思相愛が成立していれば、後は自然と目標に向かう道徳教育になる。

　ところが、相思相愛が簡単なことでないことは周知の現実である。かといって、軽く扱ったりあきらめたりするべきことではない。その相思相愛は、子どもを認め、理解しようとする先生の好きからスタートすることであり、自ら築いていくものである。

　相思相愛は、道徳の内容で言う「相互理解」に近いもの。単純で当たり前の話であるが、このことを前提とした上で、本書の実践・理論は成り立っている。

まず、私が、授業を楽しもう

　「先生は、なんで、そんなに楽しそうに授業をしているのですか？」

　大学で授業を始めて3年目になる。学生からかけられた言葉の中で、最もうれしかったことである。

　60歳を過ぎて、大学生相手の授業が楽しい時ばかりではない。集団活動なので、全てが計算通りにいくわけでもなく、ストレスを感じることもある。しかし、授業のメインテーマの柱は、「私が楽しむこと」としている。

　先生が楽しい。それは、本書の主題でもあり、サブテーマとしている「一人道徳」の特性でもある。

学校は、元気が出る場

ガッキー（新垣結衣）は、なまはげに励まされた。
女優も先生も同じ仕事。
子どもたちが元気になる場を提供する。

第1章　子どもたちとの信頼関係を楽しむ

> 論　語
>
> 子　曰く
> これを知るものは、
> これを好むものに如かず
> これを好むものは、
> これを楽しむものに如かず

　楽しむことは、好き以上のもの…なるほど…。
　平成30年2月9日、平成29年度のブルーリボン賞の授賞式。主演女優賞は新垣結衣。そのスピーチの内容は、「女優の目指すところ」であったが、思わず「学校と一緒や。」とつぶやいてしまうほどうれしい記事であった。

> …秋田の料理店でのエピソードを語り始めた。
> 「なまはげのショーが終わり、なまはげが私に言った。
> 『昔、貧しくて病院に行けない人がいた時代、体を悪くしたらどこへ行ったと思う？劇場に行って、笑ったり、泣いたり、感動したり、それで元気になった。君はそういう仕事をしているのだから頑張れ』と言ってくれた。今回の賞はそのおかげ…」
> そのスピーチを受け、司会の大竹しのぶが同調した。
> 「以前、ギリシャのアテネにある世界一古い劇場に行ったとき、ガイドが『ここは病院だった。この人には喜劇をこの人には悲劇を、それでだめだったらメスを』と説明。私もそういう仕事をしているのだと思った。」…

　学校は、子どもたちが元気のでる場所でありたい。それでこそ、学力がつき、生きる力がつく。女優も先生も同じ役割を持っている。
　10年前に「なまはげ」から教えられたガッキーが、今、このタイミングで思い出し、スピーチをした。大竹しのぶが、そのことに同調した。それを記事にした新聞を読んで私が納得した。いい話だと現場研修で使ったり、大学授業で使ったりし、また、それをここに記すことで、多くの人が学校は元気が出る場所となるべきことを再認識する。元気の連鎖が楽しい。
　学校では、子どもたちに、私たち大人が楽しんでいることを伝えていきたい。もちろん、道徳の時間も同じこと。「元気の連鎖」を楽しむに勝るものはない。

第2節
先生が楽しめる道徳

先生が楽しむための3本柱
確かな基本・遊び心・簡単意識

おしゃべりゲームカード
（P.109　参照）

第1章　子どもたちとの信頼関係を楽しむ

　先生が道徳の時間を楽しむ方法は、日常生活と同様、一人ひとり違う。その中で、外せない3点。

1. 確かな基本
2. 遊び心（先生らしさ）
3. 簡単意識

→子どもたちが生き生きしている、力をつけている

　子どもたちの「生き生き」や「力」は、子どもの姿としてのゴールイメージ。しかし、本書では、まず先生目線からのスタートとしている。

確かな基本

　全ての研究において、基本が確かでなければならないことは当然のこと。しかし、その基本も時代とともに変化したり、場所によって変わったりするもので、100％不変のものではない。ここでいう基本は、指導要領。小学校学習指導要領（平成29年告示）解説 P.16 の道徳科の目標を抜粋する。

（第3章　特別の教科　道徳「第1目標」）
第1章総則の第1の2の(2)に示す道徳教育の目標に基づき、<u>よりよく生きるための基盤となる道徳性を養うため</u>、道徳的諸価値についての理解を基に、自己を見つめ、物事を多面的・多角的に考え、自己の生き方についての考えを深める学習を通して、道徳的な判断力、心情、実践意欲と態度を育てる。（下線：筆者）

　改訂の経緯（小学校学習指導要領解説特別の教科道徳編）P.2の②目標を明確で理解しやすいものに改善すること、とされているように、この指導要領の文面が今回の指導要領の課題であり、現場ではその理解が課題である。ここで、「簡単意識」をもって上記目標の中から、（もちろん上文の一字一句は、省略できない内容であることをふまえた上で）特化してみる。下線部「よりよく生きる」を抜き出す。

よりよく生きる

　この言葉は、分かりやすく、誰もが納得しやすい。まずこの言葉を日常的なものにする。私たち教師は、保護者への説明責任があり、その時使う言葉を準備しておくことが必要である。また、ある時は、他の教職員に、ある時は、子どもたちに、ある時は、地域の方々に説明する言葉を持ち合わせておかなければならない。

遊び心＝先生らしさ
遊び心＝多様なものの見方

「先生らしいなあ」と
子どもたちや保護者から褒められたら、一流。

道徳教育の目標＝よりよく生きようとする力の育成

　前述した「よりよく生きる」を生かし、現場では道徳教育の目標は子どもたちにも分かる「よりよく生きようとする力」を育てるとしている。
　こうした目標の捉え方と自分自身の研究実践は、内容項目の希望と勇気、努力と強い意志の内容の「目標」の指導に必ずや影響するものである。

遊び心（先生らしさ）

　端的に言うと、遊び心は「多様なものの見方」であり、先生らしさと相似関係のものである。多様なものの見方が、相互理解となり、謙虚さとなり、寛容となる。その具体的な見え方は、一人ひとり違いがあり、それが個性であり、その人の魅力である。
　まず、先生自身が多様なものの見方ができ（遊び心）、その指導は魅力あるものになる。人は遊ぶ中で成長する。幼児はもちろんのこと、小学生も中学生も大人も同様である。これは、内容項目の個性の伸長における指導、相互理解、寛容における指導に必ずや影響するものである。
　「先生らしいなあ」と子どもたちや保護者から褒められたら、一流である。なぜなら、その「らしいなあ」の言葉は、先生の課題や弱点も含んだ上で、認めているものだからである。この時点で、その信頼は厚い。

簡単意識

　現場は毎日、多忙感でいっぱいである。「ひたすら頑張れ」では現実的ではない。しかし、現場の研究の視点は相変わらずその傾向が強く、研究授業をはじめとし、日常的な研究推進の具体的実践はあまり聞かない。本書は、簡単意識に基づく日常的な研究推進の具体的実践をまとめている。上記指導要領の解説の扱い方や、「内容一覧表」の扱い方を示し、日常の自己研鑽を示唆している。以下の内容も、多忙感対策として意識し、本書に記している。
　「内容一覧表」を日常的に使うこと・補助教材を繰り返し使うこと・校内研究授業では学年を超え、自分自身も実践教材とすること…等。
　もちろん、最も効率よく時間を扱えるのは、「確かな指導技術」を持っていること。指導技術以上の多忙感対策やスリム化はない。もちろん技術を身につけるには時間が必要だが、身につけば時間が生まれる。「鶏が先か卵が先か」である。

第2章

何からでも学べることを楽しむ

第1節

身の回りのものを教材にする

導入で扱う自然との共生　　　台所にあるリンゴ

多様なものの見方　実践教材①　〜教材の話が日常になる〜

　T「今日の授業はこれです。」

　C「リンゴ？…」
　C「何？…」
　C「なに？なに？なにするの？」
　C「リンゴで、道徳するの？」

第２章　何からでも学べることを楽しむ

　リンゴを出すだけで、子どもたちの目は輝く。
　台所にあるリンゴで子どもたちの意欲は高まった。導入で扱う。

　今まで食べたことのあるリンゴからの学習は、それだけで、自分自身の問題として、とらえることになる。中心教材の発問による自我関与（自分の問題としてとらえさせる）ではなく、リンゴを見せるだけで自我関与。これで指導者もストレスなく、進めることができる。

　リンゴも道端の花も同じ「自然の力」であることを実感することがポイント。同じであることを感じた時、読み物教材「小さな草たちにはく手を」「屋久島の杉の木」に描かれている非日常が、日常に代わる。また、コンクリートの隙間で咲くたくましさからも自然の魅力を感じさせたい。

心の整理イメージ	自然ってすごい！でも台所にもある。自然って、日常的なことなんや。

終末で扱う相互理解と寛容　　かじったリンゴ

多様なものの見方　実践教材②　～見る角度で違う思いになる～

T:「おいしそうでしょう。ほしい人?」
C:「はーい!」

T:「あまりにもおいしそうだったので、先生が、食べたよ。」

ほらっ!

C「え～!」

第2章　何からでも学べることを楽しむ

T：「このリンゴ、おいしそうやろ。このリンゴ、ほしい人？」
C：「はーい！」
　　みんなの挙手で、リンゴの魅力がみんなのものであることを確認する。
T：「あまりにもおいしそうやったから、先生さっき、かじったけど…ほしい人？」
C：「えー！」上がっていた手が一斉に下がる。
T：「おかしいなあ。同じリンゴやのに…。
　　こちらを見せたら、人気者。裏を見せたら、嫌われ者…おかしいなあ。」
T：今日の教材「ブランコ乗りとピエロ」と同じやな。ピエロもはじめ、サムのこちらばかり（かじった面）見てたんやな。真剣な姿を見たとき（きれいな面）、思いが変わったんや。このリンゴを見てるみんなと同じやな。

```
実践例
補助教材：リンゴ（かじった後あり）
中心教材：ブランコ乗りとピエロ　「生きる力」（6年：日本文教出版）
主 題 名：寛容（相互理解）
ねらい：ピエロの変容を通して、他者を認める良さを実感し、他の人と、
　　　　より良く生活していこうとする態度を育てる。
展　開：＜導　　　入＞好きな人いる？嫌いな人いる？
　　　　　　　　　　＊人は良い所と悪い所がある。
　　　　＜展開前段＞サムの良さを認めたピエロの変容に共感し、互いに理
　　　　　　　　　　解しあっていこうとする態度を育てる。
　　　　＜終　　　末＞かじったリンゴに対するみんなの態度から、サムやピ
　　　　　　　　　　エロと同じであることを実感し、誰でもそうなってし
　　　　　　　　　　まう人間の特性を理解する。
```

心の整理イメージ　　人には、良いところと悪いところがある。また、どちらか一面にこだわってしまうことがある。「色々な見方ができる・良いところを認める」ことが大事だな。

導入で扱う友情・信頼　1こでも100このリンゴ

多様なものの見方　実践教材③　〜見る人で違う思いになる〜

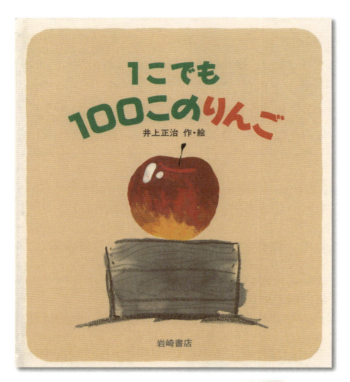

『1こでも100このリンゴ』　井上正治　作・絵　：　岩崎書店

第2章　何からでも学べることを楽しむ

　子どもたちは絵本が大好き。また、本書『1こでも100このリンゴ』は、同じパターンが繰り返されるストーリーで分かりやすい。八百屋にあるリンゴを、通りがかりの人が見て、感じたことを声に出す。その声をリンゴが聞き、その人の職業を当てる。

　見る人によって、同じリンゴに対し、違う思いを持つ。人間理解・他者理解。いろいろな思いを持つ人がいることを実感させてくれる。「一人ひとり違っていい」とする相互理解の素地として、子どもたちの道徳性育成に力を出してくれる。

<u>本書の扱い方</u>「友情・信頼」、「相互理解・寛容」
　①　活用内容は、友情・相互理解等が入りやすい。
　②　「一人ひとり違う」他者理解の素地となる。
　③　教科書を中心教材としつつ導入や終末で扱うことにより、気楽で楽しめる。
　④　繰り返しストーリー：誰でしょう？とクイズ形式で読み進めるのも楽しい。
　⑤　絵本『リンゴがひとつ』と併用することも面白い。

絵本を教材として扱う魅力と工夫

① 家の絵本でも、「一人道徳」をする力がつく。（「一人道徳」については、第3章参照）
② 家庭における絵本は読書体験の要であり、子育てにとって大きな存在。家庭との連携（道徳教育に関する）に絵本を話題とすることもできる。お便りや懇談会における授業紹介で、心の教育における家庭と学校の力を確認。絵本を通して、意識の共有を図る。
③ 挿絵を中心とした板書計画が作成しやすく、授業づくりがイメージしやすい。授業後に継続掲示するなど効果的に扱える。
④ 教材そのもので心に訴えかける力があり（そうした絵本を選択する）、教材を共有することでねらいが達成できる授業展開をすることができる。
⑤ 毎年活用できる。ある時は、中心教材として、ある時は、教科書の補助教材として、導入で終末で楽しむ。

リンゴをテーマに教材づくり

奇跡のリンゴ
　絶対に不可能と言われた無農薬リンゴの栽培に成功。青森のリンゴ農家の実話。
＜扱える内容＞
・希望と勇気、努力と強い意志
・勤労、公共の精神
・家族愛、家庭生活の充実

落ちないリンゴ
平成3年、津軽地方を襲った台風19号。リンゴも大被害。そこで…。
＜扱える内容＞
・希望と勇気、努力と強い意志
・自然愛護

心の整理イメージ　1このりんごでも見る人によってちがう思いがでてくるんだな。

終末で扱う友情・信頼　リンゴがひとつ

多様なものの見方　実践教材④　〜情報量で違う思いになる〜

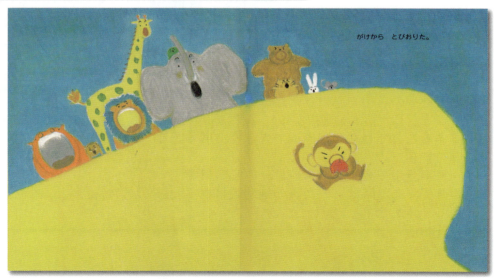

『りんごがひとつ』ふくだすぐる　作・絵　：岩崎書店

第 2 章　何からでも学べることを楽しむ

　ストーリーそのものが面白い。一つしかないリンゴをサルが取る。ライオンやキリンが怒る。サルは逃げる。みんな追いかける。そこは崖…。ついに飛び降りる…が、ふりをしただけ。みんなも…だまされたふりをしただけ。ついに、つかまり、リンゴを差し出す。でもね、そのわきには、赤ちゃんおサルが隠れていた。それを見たみんなは、やれやれと許す。子どもたちの思いも表情もどんどん展開していく。実に面白い。

怒り　サルを追いかけるみんな
↓
緊張　追い詰められたサル
↓
驚き　崖から飛び降りた
↓
安心　ふりだった
↓
驚き　みんなも帰るふりをした
↓
笑い　面白い
↓
緊張　しかし、サルはどうする？
↓
納得　リンゴをかえす
↓
納得　サルのわきに赤ちゃんサルが
↓
寛容　みんな、しようがないな
↓
安心　みんな許した。　よかった
↓
喜び　みんな、よかった

> 最初、子どもたちは悪いサルと判断。そのあと、情報が増え、赤ちゃんのための命がけの行為だから、サルは仕方ないと判断する。同じサルなのに評価が変わる。読み物教材による登場人物への判断の変化と同様。

> 絵本の範読は、デジタル？アナログ？私はアナログ。40人までなら、子どもたちを固めて座らせ、範読。絵本は、フラッシュカードと同様（P.145）、子どもたちとの距離感を調整できる。机を後に固め、Uの字に座らせ、子どもたちの息を感じながらの範読。生が良い。

> **2048年…「校長先生になっても」**
> 先生が気に入れば、毎年この教材を使える。今、25才の先生、30年後、2048年、校長先生になって使う。30年、毎年この教材をしていれば、間違いなく範読がうまくなる。「校長先生はね。30年も前から、ずーっと子どもたちにこれを読んでいるのよ。皆さんで30回目です。」
> …ステキじゃないですか。これが道徳教育です。

> 心の整理イメージ　いろんなことがわかると、どんどん思いもかわってくるんだな。

まさかの教材

　道徳授業における一般的な教材は読み物。その読み物教材も年々子どもの興味関心を引く魅力あるものになっている。30年前の副読本と現在の教科書と比べると明白。素晴らしい。また、指導書付きであり、現場の先生方にとって大きな味方である。指導案は、経験豊富な方々によるもので、当然的を射たものになっている。

　ただ、その指導案は、教材活用の展開部分は多くの学級でそのまま活用できるが、他の学習部分（導入や終末等）は、あくまで一例として、とらえたい。学級の実態・指導者の個性があり、そのままでは使いづらいこともある。その部分の指導が甘く、導入や終末の効果が上がらず「この指導案では？」と判断してしまうことがある。中心教材は教科書を中心とし、導入・終末に補助教材を扱う。中心教材も補助教材も言語が中心になっているもの（例えば、絵本・ことわざ・名言・新聞記事等）は、授業イメージを持ちやすく、扱いやすいため、すでにずいぶんと活用されてきている。

　ここからは、生活に密着しているが、言語でないまさかの教材を紹介します。まさかは、子どもたちの心を刺激し、生活と結びつけ、授業意欲を高めてくれます。その子どもたちの様子は、指導者の一番のエネルギーであり、指導者の意欲となります。

　教材がもつ力は、学習形態の工夫・発問の工夫・板書の工夫など以上に、大きな力をもつことは周知。道徳授業指導に不安がある先生にとって、指導力を支援してくれる一番の味方になる。下記の教材は現在、2019年においてはまさかですが、2025年ごろには、当たり前になっていると予想し、期待しています。

　まさかのその１．トランプマジックで、「謙虚な態度」を
　まさかのその２．ラーメン雑誌で、「国や郷土を愛する態度」を
　まさかのその３．万引きドン引きのポスターで「自主自立」を
　まさかのその４．かじったリンゴで多様なものの見方からの「人間理解」を
　まさかのその５．カップヌードルを食べて、「集団の一員」を
　まさかのその６．私立小学校の入試問題で、「やればできると目標を持つ意味」を
　まさかのその７．妖怪で、昔の人の知恵から、「尊敬の念」を
　他にも台所にも駅にもファミリーレストランにもＴＶにも…。

> 「まさかの教材」は、身近に無限にある

　まさかの教材というのは、今までの学校教育上の「まさか」。日々の生活の中では「当たり前」。このような「まさか教材（身の回りにある教材）」が「教科書」とコラボし、「当たり前教材」になった時、一人ひとりの先生の個性あふれた前向きな道徳の時間が成立し、子どもたちは、道徳の時間を楽しみ、大事にすることができる。

第2章　何からでも学べることを楽しむ

　…ここにあげている身の回りの補助教材は、小学校・中学校・大学・指導者研修会等で実践したものである。

朝顔で学ぶ

平成29年10月某日。
　台風で大雨と強風。
　翌日のこと。学校校庭に咲く一輪の朝顔。昨日の大雨と強風に負けなかったのか…。すごい。驚いた！
　「希望と勇気」の導入で。

ラーメン雑誌で学ぶ

「国や郷土を愛する態度」の補助教材として使った。面白い。子どもたちのまさかそんなところに…の表情が忘れられない。

動画で学ぶ

　「自転車を倒して、ベルをこわしてしまいました。申し訳ありません。」として1000円札が置かれている。
　…なぜ、そのお金がとられないんだ。…そんな国があるのか！…日本はすごい国だな。この画像が世界にも発信され、話題となる。
　「国際理解」の終末で扱った。

新聞で学ぶ

〈読者の声〉

「風呂敷」「かわいい弟」
「ごみのポイ捨て」

こんな狭い新聞スペースに3つも道徳の時間に使えるものがある。

身の周りの教材はそこらにいくらでも転がっている。慣れで簡単に見つけられる。

私立小学校の入試問題で学ぶ

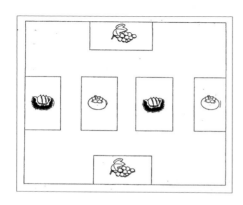

ブドウとブドウ、線でむすべますか？「ハイ！」
クリとクリ、線でむすべますか？「ハイ！」
カキとカキ、線でむすべますか？「ハイ！」

では、それぞれ3本の線が交わらないで、むすべますか？…できない。

…実はできる。これは面白い。15年前から、道徳の導入でよく使っています。また、多様なものの見方の一つとして、大人対象の研修会でもよく使います。

〈進め方〉　上記のやりとりのあと、
　T：カキとカキをつなぐ線を引いてください。
　T：次に、クリとクリをつなぐ線を引いてください。
　T：それでは、上のブドウと下のブドウをつないでください。
　C：行けません。重なります。
　T：よいので、まず、線を引き始めてみてください。
　C：あっ！…先生！引ける！

（答えはP.31）

〈導入で〉

はじめは「できない」と思っていたのに、一歩進むことによって（線を引くことで）見えるものがありましたね。

今日のお話も、勝くんが跳び箱に挑戦するのですが、できないところからお話が始まります。

それでは教科書36ページです。…

第2章　何からでも学べることを楽しむ

トランプマジックで学ぶ

今日はトランプマジックをしますと、導入で子どもたちと遊ぶ。予想できないトリックに子どもたちは驚く。30名の学級の子ども達がタネを知らないことを確認。

確認後、タネを明かす。子どもたちは、「ずるい」や「なんや簡単や」と、ぼやく。そこで、「簡単やけど、はじめ、分からなかったなあ。でも聞けば簡単やな」

『みんな、簡単なことでも分からないことってありますね。今日の勉強は「謙虚」です。教科書28ページを開けましょう。』

独り言…どんなマジック？
1．タネは簡単で技術がいらないもの
2．2つあれば、マジック教材は十分。
マジックは一度失敗すると，子どもたちが軽く扱うので失敗は許されない。え〜〜。

CMで学ぶ

CMのキャッチコピーは、素晴らしい。一瞬で心をつかむ。指導技術向上において、このテクニックを学ぶ。まず、教材として利用する。右は、缶コーヒーのCM。このCMの一連のテーマは「世界は誰かの仕事でできている」実にうまいし面白い。納得できる内容だからこそ、子どもたちに授業で使いたくなる。子どもたちに見せたくなる。このシリーズは、何種類もあり、相応しい内容のタイミングで使う。

パンフレットで学ぶ

盲導犬協会のパンフレットの扱い方は、「動物愛護・共生」や「体の不自由な人」等、難しいことではない。

パンフレットを見つけるのは難しい？
左は、ファミリーレストランの会計カウンターに並んでいたもの。簡単に手に入る。市役所でも郵便局でもパンフレットは数多く設置されている。しかし、その経験がなければそこにパンフレットが設置されていることが見えない。

妖怪で学ぶ

〈ねらい〉

先人の知恵に学び、節度ある生活をしていこうとする態度を育てる。

〈展開〉

① 妖怪を理解する。
- 妖怪は、昔の人たちが「子どものしつけや大人の理解を超える奇怪な現象に対する納得」に、考えだし、安心した生活へと結びつけた。

> 晴れた日に雨が降る。科学が発達していなかった頃、それは不思議で怖かった。それをキツネ（妖怪）のせいにした。

> 「キツネの嫁入りや。そうか…。そうだったのかと、納得した。」

- 妖怪は、各地で生まれてきた。それぞれには、出身地がある。

  例：砂かけ婆ぁ＝京都府南部出身

② ゲゲゲの鬼太郎を見る。
- 「妖怪の住む街」

③ マイ妖怪を考える。

<u>小学2年生の子どもたちによるマイ妖怪</u>

かたづけ女　おもちゃを片づけていないと、現れ、どこかへもっていってしまう。目が4つあり、すぐ見つける。

ひとつ目しばりつけこぞう　授業中、ウロウロして座っていないと出てくる。出てきたら、いすにしばりつけられる。

オチョクリ　友だちをおちょくっていると、出てくる。クリの形をしていて、飛んでぶつかってくる。当たるといたい。

小学校2年生によるマイ妖怪

第2章　何からでも学べることを楽しむ

大学3回生によるマイ妖怪

　前ページの小学生のマイ妖怪と同様、本時テーマにそった自制が表れています。

　「コーラお化け（右上）」の学生に声をかけた。「いつもコーラばかり飲んでるんやろ」「そうです！」日々の自分の姿がマイ妖怪そのもの。

おふざけい　はいつもそういわれてるのかな？

口封じ　はしゃべられて嫌な目にあったのかな。

抜歯女　は毎回、歯を磨くことをめんどくさく思っているのかな。

　小学生も大学生も同じようなもの。これもまた人間理解です。

第2節
有名人に学ぶ

市原悦子さんに学ぶ範読

女優や俳優も人に何かを伝えるプロ。
学校の先生も同じ。

第2章　何からでも学べることを楽しむ

　学校現場の多忙感は半端ではない。その多忙な毎日を自覚せず、研究の推進を唱えているのは、絵に描いた餅と同様である。多忙な毎日の中、一人ひとりの生活があり、文化があり、それらの楽しみが、その先生の魅力を作っている。この楽しみは、魅力ある先生の資質育成において、欠かせないものである。宮沢賢治の「学者であれ」。学者として研究推進。著名人から学ぶ。学者から学ぶ。偉人から学ぶ。研修会に参加して学ぶ。教育書を読んで学ぶ。それらにとどまらず、生活の中においても学ぶべき出来事、学ぶべき人、学ぶべき場所はある。日常生活の中で学ぶ力を先生自身が身につける。それが多忙感克服への対策ともなる。何からでも学ぶ子は、伸びる。誰からでも学ぶ子は、伸びる。誰もが感じている周知のことである。こうした学ぶ力を指導するには、先生自身がその感覚をもっていることが不可欠である。

　今から、30年ほど前、若かった私にとって、有名人から学んだ技術で、今もなお、大事にしているものがある。

　市原悦子さんに学ぶ。私たちの範読は市原さんのようなプロレベルでありたい。「家政婦は見た」の名女優である。今から30年ほど前の教科書範読音声の読み手が市原悦子さんであった。教材は、国語「どろんこ祭り」。「どろんこ祭り、<u>いち</u>、せっちゃんは、おきゃんでまるで男の子みたい…」

　日本昔ばなしでもその読み手としての人気・評価は高いが、未だにこのフレーズが忘れられない。「いち」段落番号である。この「いち」は私に読み手の技術を教えてくれた。あってもなくてもよいだろう、この「いち」が実に心地よい。間合い？アクセント？音量？…分からない。市原悦子さんも、この「いち」にこだわっていたのか？分からない。でも私自身がこだわり、これ以降、段落番号のような付属要素も大事にするようになった。意味を持たせるという感じである。当然、本文も大事にする。付属要素が大事なのか、そのことによる派生効果なのかはわからないが、範読の心構えの柱となった。

　私たち教師の範読は、プロの範読でありたいとする意識をもち続け、日々の実践の中で力をつけていかなければと思っている。たった1回でお話を子どもたち全員に伝える。このことを目指して力をつけることが授業の範読においては重要である。45分の授業の中で、たった1回の範読で、30人の学級成員全員に理解させることができる範読の技術を身につけようと、自己研鑽しなければならない。その技術習得は日々意識しておく。結果、学校の先生の範読はプロに負けない力量になる。

中村雅俊さんに学ぶ目線と立ち位置

先生の目線と立ち位置で、
子どもたちの集中力が変わる。

第 2 章　何からでも学べることを楽しむ

　「ふれあい」「ただお前がいい」等のヒット曲を持つ俳優のコンサートでのこと。会場は、500人程度。トークの仕方が面白い。中央あたりの知り合いでもないある人を焦点にし、話をしはじめる。中村雅俊がその1人の人に話すのを、499人が聞いている。私もその一人だが、聞ける。楽しい。話の内容はともかく、この構図は面白い。こちらに視線は来ないが聞ける。こんな方法もあるのか。授業で使えると強く印象に残った。実践を繰り返し、今では私の話し方の技術の一つとなっている。

●先生が全体に目線を当てて話す。子どもは先生を見ながら聞く。
●先生が教材に目線を当てて話す。子どもは教材を見ている先生と教材を見ながら聞く。
●先生が一人の子どもを見て話す。子どもは、二人のやり取りを見ながら聞く。

　先生の目線だけでも子どもたちの学習の様子が変わる。「目を閉じて聞く」「プリントを見て聞く」「背中で聞く」…技術の視点として意識しておきたい。この一つの意識は小さな貯金となり、2つめ3つめの貯金を生んでくれる。子どもたちの目線を意識しなければ、貯金0は、0のままであろう。この目線に限らず、全ての技術において、自分自身のこだわりを持って、意識しておくことが1年後2年後、確かな技術となって自分自身を助けてくれるであろう。研修会に行かなくとも書店に行かなくとも、毎日の授業の中で「意識」しておくことである。立ち位置も同様である。

〈P.24の答え〉

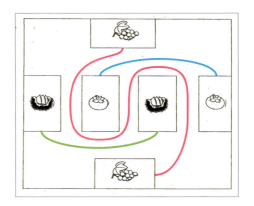

ここで、問題です！

Q1. 勝くんは、話が苦手です。自信がありませんが、前（☆）での発表になりました。自信を持って話をさせるための先生の立ち位置はどこですか？

答え（　　　）

Q2. 道子さんが☆のところで話をします。みんなが、道子さんの顔を最後までしっかり見て、話を聞くように習慣づけたいです。先生の立ち位置はどこですか？

答え（　　　）

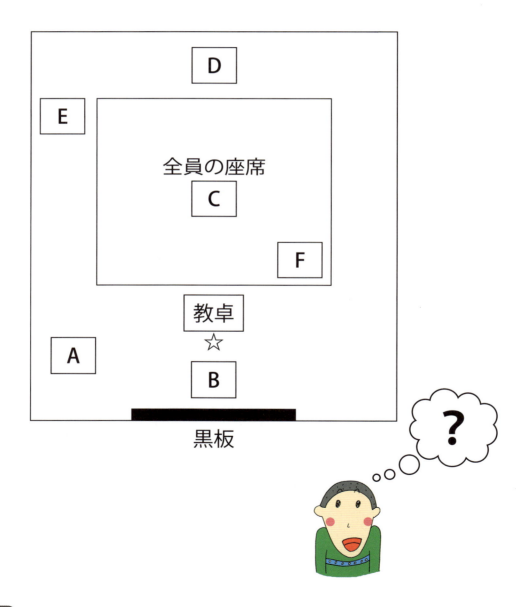

第2章　何からでも学べることを楽しむ

　Q1もQ2も正解はあってないようなものです。その子どもの話す力は、周りとの関係や周りの様子によっても全て微妙に変わります。現場の先生は無意識にその立ち位置を判断していることが多いでしょう。意識することが大事です。その意識が、学級づくり（話が聞ける集団作り）に関係していることは当然のことです。「私のクラスは、話が聞けなくて…」ではなく、「私は技術（正確には意識）がなくて…」が正しい表現です。

　ちなみに、この情報だけで著者が判断するとしたら、

　Q1なら、D。子どもによって、はじめは、Aにいるかもしれませんが、Dの場所から励まします。顔を前に向けて（先生を見させる）、先生に向かって話しかけるように指示します。そして、しっかり、うなづいて聞きます。必要なら、時々、○（いいぞ）サインを送ります。また、必要なら、声を大きく！サインを送ります。

　Q2なら、B。学級のみんなにBの位置から少し指示をし、道子さんをスタートさせます。先生を見た流れで話を道子さんを見て話を聞かせます。当然聞く側の評価も最後に付け加えることは必要です。

　上記したように、先生が目線と立ち位置を意識しておくことが、自然と身につく以上に、早くレベルを高めることとなるのです。先生のレベルアップが、集中できる子どもを一人二人と増やすことになります。

支援ティーチャーの技術…　まるで、忍者？

　最近は、支援ティーチャー等、複数で授業することが多い。管理職の先生方は、その支援ティーチャー（以後T2とする）の効果を日常的に確認また指導しておく必要があります。T2がいるだけで効果が上がる？ものではない。下げている場合もよくあることです。

　15年ほど前、プロのT2がいました。その先生（非常勤：25、6才の女性）の立ち位置は、主にEかD。T1が話をしているときは、子どもたちの視野に絶対入らない。作業になった時点で、必要と感じる子のところへ、忍者のようにいく。そして支援が済めば、また、E、Dに戻り、観察。また忍者のように次の子どものところへ行く。その子どもの選択も的を射ている。感心し、それ以降、私は年度当初に必ず、授業支援者に対し、立ち位置と子どもの目線の話を指導してきました。（残念ながら、その忍者先生は、好きな写真関係の仕事に就いた）

　T2の立ち位置もそうだが、T1も同様。範読中、子どもの間に入っていく先生を見かける。先生が横を通るだけでプレッシャーがかかり、話の内容理解や吸収が弱まる。スピーカーは動かないもの。ささいなことだが、こうした微妙な積み重ねが、学級づくりの芸となり、芸が身を助けることとなる。

武豊さんに学ぶスタート（導入）

良いスタートは初めの5分。導入と範読。

予告読みで良いスタートを。
教材配布と目線。

武豊さんは、中央競馬において、若くして、スターになり、良い馬に騎乗する機会を与えられてきた。騎乗馬に恵まれたのは、父親が名ジョッキー（武邦彦さん）であったから。しかしそれは、はじめの数か月のことであり、その後長年にわたり騎乗馬に恵まれたのは、彼自身の技術が優れていたからである。とくに…スタートが他の騎手よりはるかにうまいのである。力が接近している競走馬（クラス分けされている）にとって、良いスタートは、良い展開を生み、その後のゆとりを生み、力を出しきり、結果を伴う。そして、また、騎乗依頼がくる。

　道徳の時間も同様。授業に自信のない人は、このスタートを丁寧に進める必要があります。弱い馬が後から追い込めないように、後半の挽回は難しい。まずは、良いスタートを切ることです。

良いスタートは初めの5分。導入と範読

　読み物教材は、はじめの指導者の範読で授業の成否の大勢は決まります。30人の学級児童の聞き取り能力は様々です。それゆえ、いかに多くの児童に正確に話を伝えることができるかがポイントとなります。理解不足の中での発問では、効果は期待できません。また、教材の理解不足を補うための発問（登場人物はだれですか等）が多すぎて、せっかくの感動を冷めさせてしまうこともよくある話です。

予告読みで良いスタートを

　範読は、大きく「予告読み」「解説読み」の2通りが一般的。「予告読み」は読む前に、板書で、登場人物・名前等を書き、簡単な説明をしてから読む。「解説読み」は読んだ後に、簡単な質問を交えながら、話を振り返る。資料提示では、「予告読み」をお勧めします。読んだ余韻をもってすぐ発問に入ることができ、理解度が上がります。大凡の情報から、聞き取り率が高くなります。映画の予告編を見て、そのために本編がつまらなかったというケースはあまりないことと同じで、心配ありません。

教材配布と目線

　教材配布しての範読か？配布なしか？指導者や学級の実態によります。ただ、子どもたちの目線は意識しておく必要はあるでしょう。教材を見ながらでは、全員が下を向いて教材と出会う。教材がないなら、黒板の予告あらましを見ながら教材と出会う。

　教材ありの利点は、「自分で振り返ることができる」「チェックを入れることができる」。教材なしの利点は、「子どもの様子が指導者に分かりやすい」「全員の視線が一つになり一体感が出る」。それぞれ、その特性を感じ、使い分ける必要があります。

水谷豊さんに学ぶ相棒意識（板書）

黒板は、相棒で、良きパートナー。

相棒なら、丁寧に大事にします。
相棒（黒板）の力で、効率よく授業を進めます。

第2章　何からでも学べることを楽しむ

　TVドラマ相棒の主人公「杉下右京」は、卓越した捜査能力と強い正義感で数々の難事件を解決する。ほぼ右京の能力で解決。しかし、題名は相棒。主人公をスーパーマンとして扱うだけでなく、タイトルを「相棒」とし、そのパートナーにも焦点を当てている。

　子どもたちの授業における目線を「先生50％、黒板30％、友だち15％、教科書5％」と想定すると、黒板に向ける時間は多い。この黒板を効果的に扱い、授業効率を高めたい。気持ちの上では、道徳の時間における黒板（板書）は、相棒で、良きパートナーです。たった一人で、子どもたちの前に立っているわけですから。もちろん、子どもたちも良きパートナーでなければなりませんが、まずは、黒板に相棒意識を持つことです。相棒なら、丁寧に大事にします。

Q＆Aでお答えします。

Q．縦書きでなければいけないのですか？
A：全く関係ありません。板書の多様な扱い方を考えると時系列型以外は、縦書きにこだわっていると成立しません。むしろ、授業が国語的になってしまう方は、思い切って、縦書き以外の板書を心がけてみてください。はじめは落書きかメモ書きになるかもしれませんが、「挑戦」です。楽しむのです。

Q．めあては、書くのですか？
A：他の教科と同様です。道徳だからと言って、決まっているわけではありません。指導者の思いで進めることです。

Q．子どもたちの発言は全て書くのですか？
A：他の教科と同様です。道徳だからと言って、決まっているわけではありません。しかし、基本、必要ありません。（P.104参照）

　板書は、何のためにあるのか？パートナーをどのように使うのか？その目的を明確にすることが重要です。

明石家さんまさんに学ぶ
他の人の生かし方（発問）

明石家さんまさんの関わり方は、
なぜ、周りの人たちに光をもたらすのか
これは道徳の授業の発問に通じる。

さんまさんの人気はその話術。誰もが面白いと感じる。さんまさん自身が面白い。しかし、その人気ある要因の一つは、他のタレントを生かすことではないか。色々な人々の魅力を引き出し、そのやり取りを心地よく感じさせてくれる。

…ジミー大西・浅田美代子・中村玉緒・間寛平・村上ショージ（敬称略）等々。

道徳の授業で言う発問も本来はそうあるべきです。一人ひとりが持っている思いや考えを発問によって、より深く考えられるよう、引き出すこと。この場合、引き出すというのは、声に出すということだけではなく、内面で引き出すことも含まれています。自分自身の中で、眠っていた思いを引き出し、整理し直し、自分らしい判断をする。教材共有だけでは深められない、広げられない部分を発問によって、深く広く考える。非常に高度な指導技術が必要とされ、道徳研究もこの発問が主な研究の視点になることが多く、研究が重くなり、意欲面で滞ってしまうこともよくあります。

発問研究は、道徳授業の研究の中心になっていることが多いですが、現場で「道徳の時間は、自信のない・理解されていない」ことを前提（文科省：H26懇談会より）とすると、当然この研究も受け身になりがちです。中心発問に対する思いを確かにもち、ここに、授業の特性、指導者の思いが表れるように発問を作っていくことが重要です。

明石家さんまさんの発問（関わり方）は、なぜ、周りの人たちに光をもたらすのであろうか。その理由は、道徳の授業の発問に通じる重要な要素と考えます。

3つの発問

発問は、3つに整理される。

中心発問：指導者が子どもに投げかけたい授業の中心となる発問　　1問
基本発問：中心発問を生かすための必要とする発問　　　　　　　　3〜5問
補助発問：児童の様子や展開に応じて準備し、必要を感じた時に使う発問

例えば『手品師』…

中心発問

①場面を決める
　　A　舞台出演の連絡を受けた場面
　　B　舞台出演を断った場面
　　C　手品師が子どもに手品を見せている場面
②人物を決める
　　A 手品師　　B 少年　C 友人
③焦点を当てたい視点を決める
　　A 共感させる…　　断った手品師はどんな気持ちだったでしょう？
　　B 分析させる…　　なぜ、手品師は断ったのですか？
　　C 批判させる…　　断った手品師をどう思いますか？
　　D 自我関与させる…あなたが手品師なら、どうしますか？
④文章化する

第2章　何からでも学べることを楽しむ

<u>舞台を断った手品師は、どんな気持ちだったでしょう？</u>　　　　　　　中心発問決定

> こうして、教材に対する思いから発問づくりを始める。当然、授業づくりの主体者になる。その先生らしい授業になる。これで受け身の授業づくり（これでいいのだろうか？）にならず、先生が楽しめる授業になる。この楽しさが子どもたちのためになることは間違いない。

基本発問

＊中心発問を深く考えるために、押さえたいことを基本発問とする。
＊３問〜５問程度。作り方は、中心発問と同様。
＊１回読み（P.131参照）でチェックした場面から選択し、人物、視点を決める。

- 手品師の夢は、何だったでしょう？
- 公園で少年に手品をしていた手品師はどんな気持ちだったでしょう？
- 手品を見ていた少年は、どんな気持ちだったでしょう？
- 「また明日も」と約束した時の手品師の気持ちはどうだったでしょう？
- 「また明日も」と約束した時の少年の気持ちはどうだったでしょう？
- 舞台出演の電話を受けた時、手品師はどんな気持ちだったでしょう？
- 出演より少年との約束を優先したのは、なぜでしょう？
- 出演を断った次の日、どんな気持ちで、手品師は、公園に行ったのでしょう？

多様な中心発問・基本発問・補助発問

　ここまでの中心発問・基本発問は、お話から登場人物を通して、考えるようにした。ここではお話から離れた角度からも発問を考えてみる。

- 出演を断り、公園で手品を少年に見せたあと、帰り道で手品師は、どんなことを考えたでしょう？
- ５年後、手品師は、舞台に立っているでしょうか？
- 手品師は、舞台か少年かを決めるのに、家族（父母）に相談したとすると手品師の家族は、どんなアドバイスをしたでしょうか？
- 手品師に手紙を書きましょう。
- 少年に手紙を書きましょう。
- 舞台を断った手品師をどう思いますか？
- あなたが手品師なら、どうしますか？
- 舞台に出演し、少年との約束を守る方法はなかったのでしょうか？
- 電話で迷っている手品師にアドバイスしてください。

第3節
道徳の時間における人に学ぶこと

先生の話・友だちの話・有名人の話…

誰の話であっても、内容で判断する子になってほしい　それが、自分らしい考えで行動できる子

人に学ぶこと

　人は生き方を人から学ぶことが多い。道徳の時間においても同様である。そうした学習活動における考え方をここで確認しておきます。道徳の時間の大半は、導入にしても展開にしても情報収集の時間と位置付けられます。授業終末の一人ノートの時間だけ、それらとは違う時間で最も重要な時間です。学んだ情報をもとに、自分らしく心の整理をし、自分の思いを確かにする時間です。道徳の時間はそのためにあるのです。

　教材を通して、先人や偉人や世間の人の考えや思いを情報収集し、先生や友だちからの話や意見で、身近な人の考えや思いを情報収集しています。どの情報も自分（収集者）にとっては平等であり、自分が内容で取捨選択軽重をつけ、自分の思いを確かにしているのです。

子どもの意見が多いと、良い授業…って本当？

　子どもの意見が多いのが良い授業。先生の話ばかりでつまらない授業。と判断するのはいかがなものかと思われます。道徳の時間は、心を使う時間です。筆者の私も若いころは、研究授業で全員発表を目指し、研究を進めていたことをはっきり覚えていますが、それは、道徳の時間の目指すところではありません。

　教会で神父さんの話を聞いて、「そうか、自分の生き方で良かったんだ」と明日からのエネルギーにしたり、好きな歌手の歌を聞き、「よし、私も頑張ろう」としたり、…これらは心を使うことを目的とした道徳の時間の動きと同じです。そこには、必ずしも友人との意見交流があるわけではありません。

　その人の意見だから「値打ちがある」ではなく、その内容だから「値打ちがある」とする判断力でなくては、自分らしい判断力とは言えません。友だちが言ったことや体験でも、先生の意見でも、教科書の教材の登場人物の意見でも同じことです。ですから、子どもの発表が少なく、先生の話が多くても問題ありません。ただ集団意識からすると、子どもたちの意見が多いと表面上は盛り上がります。

　もちろん、人は、「お前に言われたくないわ！」という部分は十分あり、情報発信者によって、その言葉や内容の受け取り方が変わる傾向があることは否めません。

道徳の時間だからこそ、内容で判断する

　道徳の時間だからこそ、内容で判断する力を重視し、それが最終的には自分らしい生き方につながることを理解させた上での学習としたいものです。

第4節
先生が面白いと思うものは全て道徳の教材になる

多様な教材の実践のすすめ…

多様な教材の実践が充実しなかったわけ

　道徳の教材として、多様な教材の推奨は今に始まったことではありません。遅くとも平成11年5月発行の学習指導要領解説には、多様な教材として読み物資料だけでなく、視聴覚教材をはじめ、言語以外の教材も効果的に活用することとされています。

　学習指導要領解説を踏まえ、私自身は、30年以上前から、多様な教材の一つの柱として、視覚に訴える道徳教材の実践をしてきました。

　子どもたちの実態や現場の先生方の指導力の実態からして、教材読解力の問題は重く意識すべき点です。小学校の教材もそうですが、特に中学校の教材がそうです。Ａ４びっしりと４ページ…8ページに及ぶものまであります。これでは読解力に課題がある子は、感じる、考えるというスタートラインに立てません。

　現場の先生方も、視覚に訴える教材で支援することが効果的であることを実感しています。しかし、実践が広がりにくい要因があります。

1. 60年前に、道徳が教育課程に位置付けられ、授業で扱う教材（当時は資料）が、文部省を中心に制作されました。しかし、時代が時代だけにすべてが紙ベースで読み物教材でした。もちろんそれら読み物教材には読み物教材ならではの魅力がありましたが、それ以外の教材となると普及面で無理がありました。
2. 現在1の状況ではありませんが、指導的立場の先生方の多くが、読み物教材以外の実践経験がなく、また、読み物教材以外の指導に自信がなく、発信が消極的にならざるを得ない状況です。

　上記2点によって、多様な教材は、文科省の推進がありながら、発展してこなかったのです。

　情報化時代になり、教材収集方法の可能性が大きく広がりました。今まさに、新しい教材が広がるチャンスであり、この機会を教材観を見直す機会にしなくてはなりません。

　読解力が、読み物教材の課題であることは、前述していますが、もう1点、読み物教材が、マンネリ化しやすい傾向があるという問題もあります。読み物以外の多様な教材が、子どもたちの関心意欲を高め、読み物教材にまで、新鮮な意識をもたらす効果があることは自然と期待できることです。もちろん、読解力もマンネリズムも指導力でカバーすることはできますが、指導に自信がないとする現在の状況では現実的ではありません。

多様な教材が多様な心の動きを作る…

身の回りの補助教材で簡単に自我関与

　多様な教材で、読解力を支援する。子どもの関心意欲を高め、マンネリズムに対応する。しかし、この2点以上に、多様な教材を実践する意味があります。

　まず先生方が多様な教材を扱うことが、「子どもの何からでも学ぶ力」の育成につながると感じることです。多様な教材から学ぶことで、何からでも自分の力をつけることになる。そして、身の回りの物は何でも教材になる要素を持っている。と感じてほしいものです。

　　りんごで学べるのか？　　　…りんごで勉強できるやん。
　　ポスターで学べるのか？　　…へえ、今度、駅で見てみよう。
　　鳥獣戯画で学べるのか？　　…人間も動物やもんなあ。
　　クイズで学べるのか？　　　…これも道徳か。おもしろい！

　トランプマジックが道徳になるのか？これもなるのです。導入で効果的に使えるのです。
　私たちが日常生活で触れているもので、「えっ？」「すごい！」「なぜ？」「へえ！」と感情が出てくるものは、全て心を通っているものです。心を使っているのです。心を使うことが目的である道徳の学習に使えるのは当然のことです。自然と湧き出るものほど、誰もが学びやすいものです。（中心教材としているのではありません）
　まず、指導者自身がその視点を持つことが先決です。と、大学はもちろん、現場の小学校や中学校でも発信しているところです。教科書を中心に授業を展開しながら、導入・終末においての補助教材の活用をおすすめします。
　そこで多様な教材の意味を伝え、身の回りの物を教材とすることを推奨しています。現代的な課題（いじめ・SNS等）を背景に生きていく子どもたちに、多様なものの見方や学び方の習得は必修です。それが生きる力そのものとなります。何からでも学べる力は、子どもたちに必要な力です。
　また、身の回りの教材は、それを提示するだけで、お話の世界から「自分の世界」に、移行します。自我関与です。資料を提示するだけで自我関与。身の回りの教材が中心教材までも自分ごとにしてくれます。
　重要な点は、身の回りの補助教材収集は簡単であるということ。はじめは難しく感じるのですが、それ以上に面白さが上回ります。指導者にとって、ストレスなく「自我関与」重視の学習になります。

身の回りの補助教材によって…

同じ教材を何回も使う！
実践済みですが効果あり！
おもしろい！

身の回りの補助教材

　以下は、実践済みの教材です。（書ききれません。3年前に数えたときは、100を超え、数える意味がないことに気付きました。）

1. 動画（アニメ・ＣＭ・映画）
    * ドラえもん・ゲゲゲの鬼太郎・アンパンマン・鉄腕アトム
    * 缶コーヒー・明治生命・ＡＣ・アマゾン　他
    * 奇跡の人・サトウキビ畑の詩・バーティカルリミット・ＥＴ・忠犬ハチ公　他
2. ポスター
    * 人権関係・10人十色・音楽は一つひとつの音からできている。地球は…
    * 阪急電車　マナーシリーズ　＊他　多数使用済み
3. 歌（案山子・誕生・ええやん・ファイト！・アンパンマンたいそう他）
4. 絵本
5. 漢字（優・幸・辛・親友・銀・寛容）
6. エンカウンター（ええとこあるやんかゲーム・おしゃべりゲーム・数字送り　他）
7. マジック（トランプ：ラブラブラブ・上に来た～～）
8. クイズ類（何かいるでしょ・線が引けますか？）
9. 道徳以外の教科書（美術・理科・家庭科…）
10. 新聞
11. 英語　Have a goodtime!　Enjoy enjoy my life
12. 小物（りんご・はし袋・包み紙・一升瓶・ふろしき・オルゴール・野球ボール）
13. 募集パンフレット（盲導犬・救急隊・看護師）
14. 手紙案内（ユニセフ・ボランティア網野町・アイバンク・骨髄バンク）
15. 写真
    * 有名人物：アントニオ猪木・三船敏郎・イチロー・黒柳徹子・鑑真・ヘレン・ケラー　他
    * 自分関係（著者）：娘・人力車・集合写真・長縄とび・エジプト　他
    * 一般：インディアン・1年生女子・サンタクロース　他
    * こもの：ケーキ・カップ麺・アイス・卵焼き・お守り・シャボン玉　他
16. 妖怪
17. ことわざ
18. チラシ広告

他の教科の教科書を導入に使って…

モナ・リザのほほ笑みで…

> 身の回りの補助教材収集のポイントは、
> 1．先生が面白いと思ったものは、「全て道徳の教材」になるという意識をしっかり持つ。
> 2．見つけるのは簡単、何より楽しい。
> 3．自我関与になる。何からでも学ぶ子になってほしい。
> 4．教科書が生きる。これでマンネリ化はなく、リアルな学習になる。

　美術科の教科書からダ・ヴィンチの『モナ・リザ』を使って、具体的に考えてみます。

＜考え方＞

　有名絵画を道徳教材に使うことで教科学習と道徳教育をつなぐ。また、鑑賞教育に心の動きを位置付けることで、各教科における道徳的指導を意識する。

＜補助教材として＞

　例：絵画『モナ・リザ』を導入で扱う。

　①導入　　　T：モナ・リザを見て、どう感じましたか？
　　　　　　　C：教科書にあった。
　　　　　　　C：きれい。見ているだけで安心する。
　　　　　　　T：なぜ、この絵がこんなに有名になったのですか？
　　　　　　　C：みんな微笑みが好きやと思う
　＊「微笑み」の持つ魅力を実感し、本時のねらいを知る。
　　また、中心教材への意識を確かにする。
　②展開　　　教科書（中心教材）で学ぶ。
　　＊考えられる内容項目：〔礼儀〕、〔よりよく生きる喜び〕
　③終末

＜中心教材として＞

　中学校では、D-22　感動畏敬の念やC-17　伝統・文化の尊重の中心教材として扱うのも面白い。

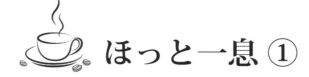
ほっと一息 ①

長〜〜〜〜〜〜い お付き合い ①

20年近く同じ教材を使っているものがあります。

1番　台所のリンゴ　24年前からかじったリンゴはオリジナル。
しかしアップル社のマークと類似。自信満々で自分の方が先（さき）、アップル社が後（あと）と思っていたのが、なんと、アップル社が先。アップル社は創業30周年。
モウリリンゴは24年ほど前。残念！

2番　詩「もしも私が神様に」25年前から大阪の小学1年生が書いた詩を使って道徳授業。終末には、「神様になったら何をする」で人間理解自己理解。道徳の時間開きでよく使いました。昨年（H29年度）も北海道で師範授業で実践。内容は「思いやり：自分自身の優しさに気付く」です。

3番　ＶＴＲ「グレートジャーニー」20年前から秘境を旅するビデオ。場所はチリ。映像が美しく、自然の魅力を余すことなく伝えてくれる。「チリイバラガニ」「ホタテ」も取り放題。スタッフが食べる。その映像がほほえましい。ホタテを食べる中年男性は満面の笑み。いくらでもあるのにあまりの美味しさにまたまた満面の笑みで「お前が食べろよ」と差し出す。もちろん、映像はストップし、その満面の笑みを子どもたちに見つめさせる。何の力？なぜ、いくらでもあるのに譲り合うの？見ている子供たちも満面の笑み。自然の恵みに感謝する。DVD（VHSでした）にできたので昨年秋、師範授業で実践。10年ぶり。

4番　スポーツ新聞「アントニオ猪木」2003年から新聞CM。アントニオ猪木の顔が紙面いっぱい。「元気ですか！」と声をかけてくる。内容は、「あいさつ」。今も大学授業で実践継続中。新聞は本物なので、ボロボロ…。

「ええとこあるやんかゲーム（26年物）や、おしゃべりゲーム（23年物）」等のエンカウンター、「ヒキガエルとロバ」「鑑真」「ヘレンと共に」も長いお付き合いです。10年物、15年物も。昨年も24年物の上記リンゴ（補助教材として活用）に「先生、斬新ですねえ。」と、現場の先生から嬉しいお言葉を頂きました。…「道徳の時間に使いだして20年以上たちます。」

第 2 章　　何からでも学べることを楽しむ

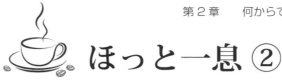

長〜〜〜〜〜〜い お付き合い ②

番外　　　同窓会道徳授業　　（35 年物）

中村君（41 才）　　　　　　　著者（62 才）

　3 年前（平成 28 年）、採用される前の講師時代（毛利当時 24 歳）の子どもたちとの同窓会が成立した。京都市立衣笠小学校 2 年 3 組である。連絡先すらままならぬ中、15 人が集まった。何を思ったのか、私は幹事の子に（子と言っても 41 歳）「先生はみんなに道徳の授業する」と宣言。その年は、居酒屋で 20 分の授業。動画をふすまに写す。35 年ぶりの授業に、41 歳の子どもたちは喜んでくれる。それから毎年同窓会を開き、飲み会の前に授業。今は 1 時間の授業。しかも居酒屋ではなく、飲み会前に場所をセッティングしてくれる。上の写真は、第 2 回同窓会授業。
　「辛い時は、1 本線引くだけで幸になるんや…。」
　子どもたちとの契約は第 30 回まで。私は 90 歳。子どもたちは 73 歳。できるかなあ。

第3章

「一人道徳」で子どもの力がつくことを楽しむ

第1節　「一人道徳」とは？

判断力を育てる「一人道徳」

人が大事なことを判断するときは一人の時間

　「この学校を受験しよう」「この人と結婚しよう」人生の大きな判断をするとき、人は、自分で答えを出す。もちろん、いろいろな人に相談し、本を読み、情報は収集する。しかし最終決定は、一人部屋の中で、答えを出す。人生の岐路だけでなく、日常生活における「勝くんとけんかしてしまった」「お母さんに逆らい、わがままを言った」でも同様である。そんな時、自分らしい納得のできる行動をしたいのは、誰しもが思うこと。そのために一人で考える「一人道徳」である。

自分らしく行動したい

　行為のスタートは、判断である。ここで、「明日、勝くんともう一度、話をしよう」「母に謝ろう」等、一人だからこそ、自分に素直になれ、自分の進む道の判断をする。この日々の判断力が「いじめ」「不登校」「自殺」「SNSトラブル」などで、自分らしい答えを出してくれるのは言うまでもない。また、自分らしさを見つけるのも道徳の時間であり、「一人道徳」のポイントでもある。

一人の時間で作られる判断力

　道徳の時間において、判断力をつける学習は、主に終末の一人ノート学習。指導者自身がその時間を感想や振り返りとした曖昧な学習にせず、「心の整理をする時間」と位置付けることが大事であり、それが、「一人道徳」である。

終末：心の整理の時間を確かに位置づける「一人道徳」

　導入・展開における「教材」「先生の話」「友人の意見」は、全て情報であり、情報を収集している時間である。その情報から、自分らしい判断をすることが生きる力育成の目的である。教材理解や議論が目的ではないことを意識しておきたい。

　以上の点から、終末における一人の時間が生きる力につながることを肝に銘じ、実践していきたい。

第2節
現代の諸課題と「一人道徳」

いじめの未然防止

　いじめ問題に対する研究は随分と進んできた印象がある。いじめる側・いじめられる側・見ている側・解決に向かう側、それぞれの立ち位置におけるポイントや留意点は、随分と整理され、知識理解面での研究は進んできた。ただ、道徳の時間に求められるのは、行為ではなく、判断力の育成である。それも万人共通の答えの出し方ではなく、一人ひとりが自分らしく判断する力の育成である。これがいじめの未然防止を含めるいじめ問題解決への行為につながるものである。「一人道徳」の充実が正しい判断力を生み、実践力をつける。他者との関わり・集団との関りについて、いったん、その渦の外へ出て、冷静に心の整理をする。

友人（SNS）とのトラブルと「一人道徳」

　いじめ問題と同様である。人との関わり・集団との関わりの渦から離れ、自分自身を見つめなおす力を必要とする。道徳の時間における終末の心の整理の時間を重視する。

自殺や不登校にストップをかける「一人道徳」

　どちらも大きな問題であり、本著の一部分として、記述することはおこがましい。しかし「一人道徳」がこの面においても力を発揮することは、想定している。

調整力を生み出す「一人道徳」

　自分自身を調整できる力は、集団社会においてもその力を発揮する。その調整力も一人道徳で心の整理を確実にできる力を養うことで生まれる。

第3節
子どもの将来への希望をはぐくむ「一人道徳」

夢を見つめる時間（キャリア教育）と「一人道徳」

　第1章で述べたように、学校の先生は易者（宮沢賢治の四者吾入）であり、人の将来を見据え、見通しや目標を持たせ、日々の生活に生きる支援をしてくれる。学校も教室も夢をもたらしてくれる場所。「一人道徳」も、この大前提なくして成立しない。日常の幸せを再認識する中で、将来を見つめる。今の自分を確かに整理できてこそ、自分らしく将来を見据えることができる。キャリア教育においてもそのベースは日常の自分を見つめ、調整できること。

宮沢賢治に学ぶ

　教師になりたての頃（今から35～6年前）、先輩から、宮沢賢治の四者吾入を教わった。これら四者になって初めて吾ら先生の仲間に入れる、と。

　　医者　宿題してきたか、挨拶はしたか等の前に、その子の表情から元気であるかを意識する。それが先生。
　　学者　漢字を覚えなさい。計算はこうするのだ。という前に、先生自らが学び、研究する。それが先生。
　　役者　ある時は老婆になり、ある時は狸になり、辛い時も笑顔で授業する。それが先生。
　　そして　易者（道徳教育そのものか？）
　　その子の様子から、将来の見通しを導いたり、課題に対して助言したりし、夢を持って歩ませる。それが先生。

　学校教育も道徳教育も正しくこの易者の役割を持っている。130年前の宮沢賢治から学んだ先輩先生が、35年前に著者に学ばせ、今、私が、このことを大学生に伝えている。

第4節
治癒力を伸ばす「一人道徳」

治癒力
　ここでは自然治癒力のことを記している。人間が生まれながらに持っているケガや病気を治す力・機能を広くまとめて指す表現。

人は誰しも、自ら立ち上がる力を持っている。自然治癒力（以下治癒力とする）である。一人ひとりの治癒力に、焦点を当て、その治癒力を認めることが、子どもの成長に大きな力を発揮する。この治癒力を強く意識し、一人ひとりが持っている現在の力を引き出す「抽出型」の学習へと展開していく。

自分の力で解決したり改善したりする経験が最も自己有用感を膨らませ、自尊感情が育っていくことになる。治癒力の大きな柱は判断力。それぞれの場面における判断力は、「環境によって影響される」「その影響する大きさは一人ひとり違う」ことは誰もが感じている判断力の特徴である。

判断力が環境から影響されるからこそ、一人の時間が最も自分らしい判断をする。又、自我関与しやすい時間となる。まず、一人の時間の判断を自分らしい確かなものにしていくことに焦点を当て、集団の中でも自分らしい判断をしていくことを目指すべきである。

道徳の時間における「一人道徳」

一人の時間の意味は上記したとおり。だからこそ、４５分の学習道徳の時間における一人の時間である終末ノート学習を重視していかなければならない。時間確保はもちろんのこと、その時間の意味を「４０分の学習の心の整理」と位置づける。それが自分らしい判断とともに、治癒力を伸ばすこととなる。

日常生活における「一人道徳」

道徳の補助教材として、身の回りのものを扱う。道徳の時間に使った教材と日常生活で出会い、子どもたちは、道徳の時間を思い出す。

ポスターを見て、「一人道徳」をする。アニメを見て「一人道徳」をする。
…教科書だけでなく、
ポスターでもリンゴでもアニメでも何からでも学べる力とつながる。
…道徳の時間だけでなく、
駅でも・台所でも・居間でもどんな場所でもどんな時間でも学べる力とつながる。
こうした「一人道徳」の時間をうまく生かす力が
自身の治癒力を伸ばす手助けとなり、優しく・
たくましく生きる力となる。

道徳教育においても一人の時間を重視した「一人道徳」を重視し、集団社会によりよく生きる子の育成を進めていきたい。

> 多くの子どもたちが学校のポスターでさえ、見ている経験がない現実。

> 現場でよく質問される内容をQ&Aで20にまとめました。また本文と重複しているものもあります。

Q.1

道徳教育と道徳の時間とは違うのですか？

A.

違います。

解 説

ここで、道徳の時間を中心に二つの内容を整理しておきます。

	目　標	実践の場・時間	実践イメージ
道徳教育	道徳性の育成 ⎫ 　　　　　　⎬目標は同じ 　　　　　　⎭	学校教育全般 （日常的）	力をつける場・実践の場 ・心をきれいにする場 ・心をたくましくする場
道徳の時間 （道徳科）		週1回45分 （非日常的）	持っている心を引き出す時間 ・心を使う時間 ・心を整理する時間

◉道徳性の育成……よりよく生きていこうとする力を育てること

　道徳の時間は、子どもの心を引き出すことを中心とした抽出型の授業です。誰もが既に持っている心を「使う・整理する」時間です。子どもたちの心は、既に形になっています。6歳の子にも6年間の歴史の中で培ってきた唯一無二の心があります。

　1週間10,080分のうち、週1回の45分の道徳の時間で新しいことを教えたり、また逆転したりすることは、おこがましく大変なことで、効果的ではありません。だからこそ抽出型なのです。すでに心の中にあるものを引き出すことなら、その指導の効果は、期待でき、現実的です。今ある心を認めるところから、道徳教育は始まります。

　心を使い、整理し、自分を見つめなおす調整・再認識の時間が<u>道徳の時間</u>です。ですから、非日常的な時間と言えます。その調整・再認識が、日々の生活の場で、効果的に作用し、意欲や判断力を高めます。そして、その実践が<u>道徳教育</u>です。日常的な時間です。

　抽出型の道徳の時間は、子どもたちの「今を認めること」から始まりますから、本来、子どもたちにとっても指導者にとってもストレスが少なく、気楽に暖かい気持ちで進めることができます。今を認めるポイントは、行動に光を当てるのではなく、その気持ちや思いに光を当てることです。優しさも正義感も誰もが望んでいることです。その望んでいる気持ちに光を当てることで、「私も優しいのか…。」心の底にあったものが、すーと上がり、表に出てくるのです。また、「優しくすることを大事に思っている自分」に気づくのです。表に出るとは、行動化に近づくということです。

　このように<u>道徳の時間</u>に自己を見つめ直した暖かい気持ちが、日々の生活を一層元気にしてくれます。

Q.2

担任の私が道徳の時間が楽しくありません。何から始めたら良いでしょうか？

A.

大変大きな問題です。

解説

　最も困った問題です。楽しくない原因は、「子どもたちが満足していない」「先生が手ごたえを感じない」「先生が先生らしくしていない」といったところでしょう。道徳の時間の意義を感じていればなおさらのことでしょう。まず、3点確認してください。

① 良い授業イメージを「話し合いが活発」であるとして、子どもたちの思いを出させることやノートに自分の思いを多く書かせることが目的化していませんか？

② 何かを教えこもうとしていませんか？

③ 行動化を求めていませんか？

　まず①は、道徳の時間の勘違いです。道徳の時間は、心を使うことを目的としている時間ですから、話し合いや書く活動が目的になってはダメです。また、その力をつけるには相当なストレスが掛かります。普段できていないことを道徳の時間に求めるものでもありません。今ある学級の力を生かすのが道徳の時間の進め方です。前述したように（P.42、43参照）、話し合い活動や議論活動は、あくまで、情報収集の活動で、道徳の時間の中心とする学習ではありません。

　②については、教材活用の意識を変えてみましょう。教科書は素晴らしく、お話をみんなで共有するだけで、十分です。

　先生になった人の多くは、「子どもたちにこんなことを伝えたい」「子どもたちとこんなことをしたい」という思いがあるはずです。映画を見て、絵本を見て、ＴＶを見て、子どもたちにも、と思うものです。その思いを大事にすべきで、それらが何より子どもたちの心に届くのです。共に「見る」「読む」「知る」ことに意味があります。

　教科書が中心教材ですが、導入や終末で自分らしい補助教材を提供する事を楽しむことです。収集も難しいことではなく（P.69参照）扱い方も導入や終末ですから、共有することを重視します。

　提示するだけなら、先生らしさが出て、自信をもって、子どもたちに教材を提供できます。<u>同じ釜の飯を食う</u>　信頼関係づくりの基本です。同じ教材をみんなで読む・見る・聞くことに意味があるのです。乱暴な表現をすると、明日の道徳は、ドラえもん「僕の生まれた日」（アニメ）を見る。となったら、それだけで、わくわくします。先生自身も明日の道徳の時間が楽しみになります。アニメだからではありません。新聞記事でもポスターでも身の回りには、様々な子どもと共有したいもの（良い教材）があります。教科書の読み物教材も魅力いっぱいです。教材を共有するだけでよいのです。共有することで道徳の時間の目的は半分達成したようなものです。

　③については、行動を意識するあまり、できない自分を否定し、それがくりかえされ、自己無用感が育ってしまいます。（P.77参照）

Q.3

私は「家族」が嫌いです。こんな私が「家族」の授業ができるのでしょうか？

A.

できます。当たり前です。

解　説

　私は、「家族」が嫌いです。こんな私が、家族の授業ができるのでしょうか？　…これは、昨年、大学での授業後の学生の感想でした。純粋な素直な質問です。
　もちろん、できます。
　先生にも色々な過去があり、一人ひとりがいろいろな思いや考え方を持ちながら指導しています。もともと、先生は、自分ができるものだけを指導しているのではありません。
　この場合も自分自身の過去や経験を授業に反映することは当然のことで、それが子どもたちの心に届くのです。その先生の過去や経験をどう扱い、子どもたちにプレゼントするかが先生の技術、ということになります。
　単純に3つのケースを考えてみましょう。

①「家族」が大好きな先生…家族の魅力をたっぷりと伝える授業となるでしょう。
　だからこそその落とし穴があるのです。私の大学での授業がそうだったのです。だから、この学生は、不安になったのです。
②「家族」が好きであった時期もあり、嫌いであった時期もあった先生…その変化を中心とした視点が授業に反映されるのでしょうね。
③「家族」がずっと、嫌いであった先生…今回のケースです。

　嫌だった、できなかったというマイナス経験を持っている指導者は、①の先生に比べ、マイナス要素を実感しているからこそ、家族を思うときの辛い気持ちを誰よりも真摯に受け止められるのです。だからこそ①の先生には及びもつかない支援や留意点が生まれてくる可能性があります。もちろん、共感だけにとどまることなく、その壁を乗り越える生きる力が湧き出る指導を目指すことは当然のことです。先生を超えてほしいという願いのもと、授業づくりをするもよし。感情的にならず、淡々と何事もなかったかのように進めるのもよしです。

　　心の授業は、
○先生の個人的な経験が反映される傾向があることを踏まえておく。
○どのように向きあってほしいかとする指導者としての思いが、個人の今の思いを上回ることで、効果的な指導ができる。
○指導の工夫により、先生を上回る考え方・生き方を子どもがしてくれることを楽しみとして指導することができる。

　③の経験があるからこそ、できる授業があります。
　上記は、もちろん「家族」にとどまらず、「勇気」「思いやり」「寛容」…「いじめ」「不登校」等、すべての学習内容に当てはまることです。

Q.4

時間がないです。道徳の時間を簡単に作る方法は、ありませんか？

A.

あります。

解　説

　最も現実的かつ素直な質問です。多忙感や時間不足を踏まえず、ひたすら「頑張ろう」とする研究推進は問題外です。本書はこの悩みを受け止めながらの研究推進本です。誰もが力をつけることができることが道徳推進のポイントです。1人が5歩進む研究も大事にしていかなければなりませんが、30人が1歩進む研究（合計30歩進む）も常に視野に入れます。

＜教科元年の今年の実践として＞

A．最も簡単な方法は、教師用指導書の指導案をそのまま活用する。

B．少し、自分らしさを出したいなら、Aパターンで、中心教材・展開は、教科書・指導書をそのまま使い、導入・終末において、補助教材を自分で一つ準備する。

C．より、自分らしくしたいなら、中心教材は教科書のままで、中心発問を考え、Bを準備する。中心発問の簡単な作り方はP.40参照。

D．ひたすら、自分らしくしたければ、中心教材を自作し、展開を考える。

＜将来を見通して…簡単に作る（なる）方法＞

①指導技術を身につけること

　・高い技術がスリム化につながります。もちろん、高い技術は、日々の自己研鑽でしか身に付きません。日々、技術向上を目指すことで、願いは達成します。

②貯金（マイ教材）を持つこと

　・中心教材は教科書。補助教材の貯金を増やすことです。上記で言えばB。

貯金（マイ教材）のもつ力。

○マイ教材は、扱い方の工夫で、学年の幅が広がり、毎年扱える。

○マイ教材は、同年で数回使うことも可能。

○マイ教材は、繰り返すことで、準備も扱い方もうまくなる。

○マイ教材は、作った経験から生活の中で何でも教材になる新たなことを教えてくれる。ポスターも看板も同様。扱い初めは、導入時や終末時の補助教材としてから活用することをすすめます。

　漢字「優」をマイ教材としたのは、20年前。小1から中3まで実践済みであり、大学での授業でも好評。「憂」は心配や悲しみという意味。「今日はみんなで一郎君の悲しみを考えました。みんな、ますます優しい人になりましたね。悲しみ（憂）を知る人（イ）が優しい人ですから。」

　こんな漢字マイ教材の貯金がいくつかあれば、毎年扱え、授業が楽しくなり、うまくなります。（この場合の「優」は、授業定着の意味での扱い。）

Q.5

CM・ポスターのキャッチコピーがステキで、心をつかまれます。道徳の時間に使いたいのですが、難しいでしょうか?

A.

簡単です。むしろ、楽しさが大きく、意欲が出てきます。

> **解　説**

　アンテナを張ってみると、そのうち、CM・ポスターの方からこちらに向かってくるという感じになります。下の小見出しの「世間に追いつけ」に記していますように、心をつかむという点では、世間のレベルは、教育のレベルをはるかに超えており、見習うべきものが多くあります。

　以下は、平成17年（2005年）10月の日本道徳教育学会で筆者が発表した原稿です。

授業に生かすＣＭ・ポスターのキャッチコピー
～世間に追いつけ、心をつかむ言葉と映像～

大阪府警察のポスター

「ごめんですんだら、警察いらんわ！」
大阪府警察

　おもしろい！これは使える。指導者がおもしろいと感じたものは、まず、道徳の授業に使える。これは子どもたちの心に届く。当然である。私たち指導者がおもしろいと思うことには、その基盤に、子どもたちへの教育的視点がある。

　日頃から、子どもたちがトラブル解決において、多用する「ごめん」。子どもたちは、簡単に言う。「簡単にごめん？本当にそれでいいの？」と、こちらが心配になる。

　礼儀・思いやり・信頼・寛容等、どの内容においても言葉の力は大きな要素である。もちろん、言葉が全てではなく、心無くしての言葉は、行為につながらないことは、周知である。このポスターの少年を通して「ごめんって、あやまってもダメなの？」と考える…あやまってもすまないことがあるわ！前もあやまったけど、またやったやん！そんなごめんの言い方あかんわ！…。中心教材で感じたことを、より一歩深く感じ、考える。

1. 教科書（中心教材）を活かす補助教材

　　（教材の持つ力）力のある教材の一番の魅力は、指導力に左右されないこと。指導力不足が危惧されている今、その進め方において効果的である。（教科書を活かす）中心教材は教科書。これにより、指導者の思いが薄れる？人が人を育てるのが学校教育の魅力。指導者が良いと実感するものを提供してこその道徳教育。（複数の話の効果）人に何かを伝えるとき、別の立場や角度から話をしたり、「例えば」と別の話を持ってきたり、複数の話で理解を深めている。道徳の時間においても以前より同

様である。（補助教材の扱いどころ）中心教材は教科書。　導入・展開後段・終末導入で補助教材を扱い、指導者の思いのこもった授業を作る。

2. 今回、提案の補助教材

　身の回りにあふれている教材を補助教材として活用している。右は、ある年の10月1日付の京都新聞TV番組表。枠取りが教材になると感じる番組。こんなにも多くあることに驚く。台所のリンゴも、店のレジそばの盲導犬パンフレットも、トランプのマジックも、漢字もことわざも…。

　際限なく教材になるものはある。その中のCMとポスターを紹介する。

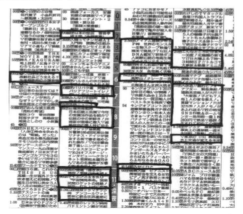

京都新聞テレビ欄（2017年10月1日）

> 感謝がテーマの終末。教室の廊下に掲示してあった右のポスターを終末で子どもたちと見る。「いいポスターやなあ。このポスターは、この教室の前の廊下に貼ってあったものやけど…？」35人学級で、見たことがある人は1人。
> 　子どもたちの意識に、ポスターはほぼ入っていない。授業における一度のポスター活用経験が、その後のポスターを意識させる。廊下で駅で道で、ポスターを見つめ、一人学習をする。学校の掲示ポスターも道徳教育の良き教材である。指導者が身の回りの物を教材として活用することが、子どもたちの「何からでも学ぶ」力を育てる。

北海道介護啓発ポスター

3. CM・ポスターの魅力

　1 身の回りに限りなくあり、簡単に手に入る

　　①「何もできないと思っていたのに、私にもできることがあり…」

　　　CM：公共広告機構

　　②「世界は誰かの仕事でできている。」

　　　CM：缶コーヒー（P.25参照）

　　③「味にうるさくても、車内ではうるさく…。」

　　　ポスター：阪急電車

④「音楽は一つひとつの音でできている。（坂本龍一）」
　　ポスター：東京人権啓発センター

2 子どもたちの生活に生きる

　身の回りの教材は、子どもたちに道徳の時間を復習させる。授業と同様の教材と出会い、家で家族との話題になる。外出先で友人との話題になる。45分の道徳の時間を孤立化させない。

3 レベルが高い言葉と映像

　CMやポスターの言葉や映像は、心をつかむという点ではレベルが高い。「心をくすぐる。心を止める。心を整理させる。」その魅力を見習い引用し、その魅力を研究、効果的な授業づくりに結び付けていきたい。

4 多忙感に対応。

5 指導力の向上に効果。

阪急電鉄提供

「世界は誰かの仕事で出来ている」

　息子「お父さん！この世界は誰が作ってんの？」「誰って…」父困る。すると、「俺だ！」と工事現場の人。「いや、俺だ！」と蕎麦屋さん。「僕です。」とサラリーマン。町の皆さんが「いや私」「俺だ」「俺です」。ついに父が「俺だ！」と声を出す。すかさず息子が「ぼくだ！」…父、うなづく。おもしろい！子どもたちに使える。　中学3年の授業で、「学級の一員」としての終末で、この缶コーヒーのCMを使った。このクラスは、誰の力でできてるの？子どもたちから「俺だ」「ぼく」「私です」の声が出た。

　子どもたちから俺だ、俺だの声が出ることは予想通り。この補助教材は中心教材で学習したことを、実践する意欲を高めてくれる。また、記憶に残り、学習定着につながる。家での話題になることも期待できる。

4.まとめ

　今、道徳教育に求めたいものは、指導者の思いが授業に反映しているかどうか。人が人を育てる学校教育において、個々の指導者の思いは不可欠。指導者がおもしろいと思えるもの（思い）を提供する。教科書は、さすがに素晴らしい。その素晴らしい教科書と、指導者の思いの詰まった身の回りにある補助教材とがコラボしたとき、道徳教育の真の充実が推進される。

身の回りのものを教材にしたいのですが、難しいことでしょうか？

Q5と同じで、難しいことではありません。

解説

　Q5と同じです。難しいことではありません。思わず発言したくなる発問を考えることに比べればはるかに簡単です。慣れているかどうかの問題だと考えられます。前々回の指導要領の解説から「多様な教材の活用」が挙げられていますが、紙ベース時代であったため、広がりという点では、読み物教材に終始してしまっていた現実があります。また、当時から現在においても、指導的立場の方々が自身の経験がなかった点から「発展的な教材」「扱いが難しい教材」とした評価になり、広がらなかったのです。難易度で言うと、議論する道徳を実施するのは難しく、誰もができるという点からも身の回りの教材収集は現実的です。以下は、平成16年０月の日本道徳教育学会で筆者が発表した原稿です。

多様な教材は、家の中にある

家の中のものを教材にすると、子どもたちの目が輝く。
子どもたちが、道徳の時間の復習をする。
指導者の指導技術が向上する。
そして、
「考える道徳・議論する道徳」を後押しする。

1. 子どもたちの目が輝く多様な教材

　　授業（学習）と生活とは違う。この意識は、子どもたちはもちろんのこと、指導者にも大いにある。扱う教材が生活とかけ離れていることからくるものである。
　　リンゴを一つ、授業で出すだけで教室は盛り上がる。子どもたちの目の輝きが変わる。リンゴが、授業で教材として扱われることが珍しいことによる盛り上がり。しかし、それだけではない。リンゴの持つ力がある。りんごが好き。リンゴとの良き関係がすでにあった経験値が、教材への集中力を生みだし、学習意欲を高める。
　　家にある生活用品を教材とすることで、特別の教科「道徳」で記されている多様な教材が、お題目だけに留まることなく、多様なものの見方や考え方を身につけてくれる。そして、道徳の授業のマンネリ化を防ぐ力ともなる。子どもたちの目が輝く教材は、子どもたちとともに、指導者も、また楽しい。

りんご（補助教材）
中心教材：屋久杉　内容：自然の魅力
☆屋久杉もすごいけど、このりんごもすごい。白い小さな花がこんなに赤いりんごになり、しかもおいしい！！！自然の力ってすごい！こんなにもすごい自然が家の台所にある。

りんご（補助教材）
中心教材：ブランコ乗りとピエロ
内容：寛容
☆正面からりんごを見る。裏（かじった方）からりんごを見る。同じりんごなのに評価が変わる。「おかしいな。同じりんごなのに。」…多様なものの見方あってこその寛容の心。

2. 道徳の時間の復習を自ら家でする

　　授業で学習した教材が家にある。授業で使ったリンゴが家にある。当然、学校での授業を思い出す。そのリンゴで祖母に授業の自慢をする。また、ある時は、母への授業紹介になる。また、ある時は、幼い弟や妹相手の先生になり、授業ごっこをする。

　　道徳性の育成の場は、家庭から始まる。家庭以上に心の育成に影響力のある場はない。家庭にある教材を使うことで、当たり前に家庭と連携し、学校での教育活動が家庭に届くことになる。他の教科領域より、道徳教育がより求めているものであろう。

伊右衛門（補助教材）
中心教材：ブラッドレーの請求書
内容：家族愛
☆ＣＭ：何も言わずにお茶を出す。「いつも、ありがとう」で涙する。家族ならではの心の通いを感じる。ＣＭのテーマも家族愛。
☆家族愛だけでなく、思いやり・礼儀でも扱える。

　　また、自発的な復習は、主体的に学ぶ姿の最たるものである。

3. 指導者の指導技術が向上する

　　平成25年（2013年）道徳教育の充実に関する懇談会の報告では現状として教師の「指導力が十分でない」とされた。

　　これが、現実である。新しい道徳の展開に向かう指導者に生き生きした明るさを感じないのは、私だけだろうか。研究の進め方・研究の視点は的を射ているのだろうか。こうした疑問がわく要因の一つに、研究が既成の読み物資料を使用することからスタートしていることがある。当然、この資料はこの扱いで良いのだろうかと受け身になる。作者の意図を追いかける。「子どもたちにこんなことを伝えたい」「子どもたちとこんなことを考えたい」という思いよりも、「これで良いのだろうか」と吟味することから始まる。授業づくりが主体的になりにくい。指導者が主体的でないことは、指導力を付ける上で障害となる。また、日々の多忙感の中、既成教材に対してのオリジナル教材を毎週作るのも難題。

　　そこで、中心教材は、既成の読み物教材を活用。ここでいう家の中にあるオリジナル教材は、補助教材として扱う。

4. 補助教材の扱いと魅力

上記した展開前段で扱う中心教材は、既成の読み物教材を活用。ここでの補助教材は、導入や展開後段・終末で扱う。中心教材に比べ、家の中にある補助教材は簡単に、そして無限に収集でき、子どもたちの興味関心から、中心教材までも輝かせる。また、指導者が受け身になることが危惧される授業づくりへの姿勢、オリジナルゆえ主体的になりやすい。

ボール（補助教材）
中心教材：鑑真 内容：夢と目標 ☆指導者の説話（大学時代の野球部でのエピソード）をリアルにしてくれる当時のボール。授業後もそのボールを取り囲み、話は続く。 　ボールが一つあるかないかで子どもたちの動きが変わる。

　また、最も大きな魅力は、中心教材に比べ、扱える学年の幅が広く、毎年のように扱えることである。毎年のように扱い、その度に検証し、その扱いも年々工夫されたものになっていく。授業技術全体がうまくなる。技術向上を感じながらの授業づくりは、前向きで主体的なものになる。これがまた、指導力をつけることにつながる。

5. 「考える道徳・議論する道徳」を後押し

　特別の教科 道徳の柱に「考える道徳・議論する道徳」があげられている。また、それに対するコメントにおいて、「目的化しないよう留意」とした文面を何度も目にする。多くの学級で、日常的に考える授業・議論する授業が成立していないと感じる現状から、当然の心配である。しかし、上記した平成25年（2013年）の懇談会報告「道徳の理念理解不足」「指導者の指導力不足」を真摯に受け止めた場合、具体策は必要。今回、提案している家の中にある補助教材が、その後押しをしてくれる。

　「考える授業・議論する授業」この大きな二つの課題に自信がない多くの指導者において、それを目的化せず、実践して行くには、意欲面と技術面の両面からの工夫が必要。「家で見つけたオリジナル補助教材」が日常的なものであり、簡単に手に入るものであることから、その意欲の源となることは先述したとおりである。

　また、これらオリジナル教材が、目の前に立つ指導者からの子どもたちへのメッセージそのものであり、多様なものの見方や考え方を身につけるベースとなる。この意欲・技術両面から、「考える道徳・議論する道徳」の後押しをしてくれる大きな力になると考えている。

　家での教材収集のポイントは、遊び心。明るく楽しく、そして、簡単に！

自我関与が大事とは思いますが、「あなたならどうする?」発問以外の方法はありますか?

あります。

解説

　「あなたならどうする?」発問は、永年タブー視されていました。なぜ、タブーであったかを確認することで道徳の時間の特性を感じることになります。

　例えば、3年生の授業で、「1年生が6年生に意地悪をされています。」あなたなら、どうしますか?と発問する。発言できる子は、学級で何人かいます。しかし発言できない子も多くいます。その傾向は、よく考えている子、おとなしい子。そうした子は、自分はだめな人間だと捉え、自分の無力さを感じ、内気になってしまい、自己否定感が強くなります。

　また、生活教材は、うまく行動できなかったり、迷ったり、人間としての弱さに焦点を当てているものも多く、日々の生活におきかえても、考えているようにはできないことも多いです。1年生の子への思い（心情）に焦点を当てます。「私も心配」「私も何とかしてあげたい」。その気持ちが一番尊いものであることを、みんなで確認する。その確認が、「よかった。私も優しい。」や「みんなもそう思っているけれど、できないんだ。」と、安心や自信を持ち、自分を見つめなおします。行為、行動は、そうした安心や自信から生まれることが多いものです。当然のことではありますが、道徳の時間は、自信の心が大きくなることを目指しています。心を中心に授業展開されるのは道徳の時間だけです。

　誰もが、みんなの前で自分を出せる学級づくりは目指すところですが、道徳の時間は、そのための時間ではありません。現在、学級が持っている力で授業を進めることが大事です。議論（話合い）が目的化することは問題外ですが、現場では議論に目が向けられている傾向にあります。議論を活発にすることはリスクを踏まえた上で実践してください。（P.87参照）

　自我関与は必要です。他の方法をお知らせします。

①導入で、生活を尋ねます。または身の回りのものを教材として取り上げます。

②その学級の様子や身の回りのものを、板書に残します。
　まずこの2点で、今日の学習がお話ではなく、みんなの問題であることを感じさせることになります。もちろん、板書を軽視している授業ではこの理屈は成立しません。

> 中心教材だけの板書は自我関与しにくいものです。ノートも同様。ノートにも中心教材とともに、生活の様子や身の回りの教材に関わるものを入れ、自我関与としやすい学習環境をつくります。

③終末（展開後段）でも同様、生活に振り返ります。またそのことを板書に残します。
　これで、導入時の学級の様子とお話と終末（展開後段）どれも同じ内容であることを感じさせることになります。

④終末ノートに自分の生活を感じるメッセージを入れます。これで、授業のまとめで自分自身を加え、心の整理をします。

Q.8

正直に言いますと、私自身の「偏見」がなくなりません。どうしたら良いのでしょうか?

A.

人は見誤るものです。

解説

人は見誤るものです。このことを人間理解として捉えるか？とんでもないこととして捉えるか？で、その指導が大きく変わってきます。また、私たち自身も「見誤る」ことを前提とした上で、偏見を持たないように生きていくことを心掛けたいものです。以下は、偏見対応として書いた平成17年（2005年）7月の日本道徳教育学会で発表した筆者の原稿です。

多様なものの見方 を生み出す多様な教材　～教師の偏見をなくす～

「百聞は一見にしかず」「聞いた千遍より見た一遍」「Seeing is believing」

昔から「見る」ことは、情報収集の面で、その効果は高く評価されている。「聞く」「読む」等の言語活動より遥かにその力は大きいとされ、今回の改訂でも多様なものの見方が重視されているところです。

多様なものの見方が、他者理解・人間理解・自己理解・価値理解等において、大きな力を発揮していることは間違いない。

1．子どもから教えられた偏見に対する指導

「偏見は、なくならないと思います。なぜなら、何かを見たとき、僕は予想してしまうからです。」これは15年程前の子どもの授業のまとめの声（6年道徳）である。誰もが、自分の持っている情報の中で見通しを持ち、予想を立てる。この子どもの声から、私が大切に思う偏見の指導が変わった。

2．間違って当然の他者理解

指導者も人。特別なことはなく、見通しを持つ。（見通しと偏見の違いはここでは省略）以下は、多くの方が目にしたことのある錯視実験です。

上と下、2本の横線、どちらが長いですか？

答えは、どちらも同じ。しかし、そうは見えません。じっくり見ても、下の絵の線が長く見えます。思わず、定規を当ててみます。「ほんまや！同じや」

原因は、環境。周りの矢印によって、同じに見えないのです。子どもたちへの評価や理解や判断も同様。周りの子や指導者の好み等の環境によって、見誤るのです。

3. 誤ることを前提として
　　指導者が子どもたちの信頼を失う要因の多くは、児童理解のずれ。そのずれを誘引するのは、
　　　・一時的な姿か永続的な姿か　　　　　・表面的な姿か潜在的な姿か
　　　・誰もが持っている後光効果　　　　　・授業態度や学習成績の重視
　　　・相対評価と絶対評価のイメージ　等々です。
　　こうして生まれたずれは、誰もが持っている人間特有のものと個々の個性（癖）からのものとがあり、「見誤るのは当然と意識化」した上で、児童理解及び指導を進めていかなければならない。また、これらのずれの視点は、多様なものの見方を意識した指導に必要な視点でもあります。

4. 多様なものの見方
　　前述したように見誤る特性を踏まえると、自分の見えているものが全てではなく、多様な実態を含んでいることが分かる。だからこそ、より多面的多角的に、深く広く豊かに見極める多様なものの見方を培うことが肝要となる。それが、人の思いや考えを認め、受け入れる力となり、他者理解・人間理解・自己理解・価値理解等の理解へとつながっていく。
　　そこで、この重視すべき多様なものの見方の指導を効率よく進めてくれる教材を紹介したい。日々の道徳授業の導入や終末において、こうしたことを意識した教材を位置づけることで、大海（道徳教育の目標「よりよく生きる力の育成」）への効果をもたらすことになる。教材収集・選択のポイントは、今回は、身の回りの日常的なものと、補助教材として扱えるものにしぼる。（中心教材は、教科書を重視する）

5. 実践例　「多様なものの見方」補助教材
　　☆リンゴ
　　　・見る人で変わる評価　・見る角度で変わる評価　・見る状況で変わる評価
　　☆トランプマジック　　　・見る技術で変わる評価
　　☆入試問題　　　　　　　・見る位置で変わる評価
　　☆らくがき　　　　　　　・見る意識で変わる評価

6. 無限にある多様な教材と先生の多様なものの見方

　多様な補助教材は、身の回りに無限にある。また、一番の多様な教材は、子どもたちの前に立つ先生。明るい声・大きな声・悲しい声・真剣な声・悩む声…先生の声そのものが多様な教材。表情も同様。

　また、同じ教材でも、提示の仕方や扱い方の工夫で多様な教材になる。これらは、先生自身が多様なものの見方を重視していることが必然。先生の多様なものの見方から生まれた指導技術が、多様なものの見方を生む教材を作る。

7. 考え、議論する道徳も、問題解決的な学習を取り入れた道徳も、子どもたちとの信頼関係のもとで。

　指導技術が高いか否か以上に、その向上を貪欲に意識しているかが重要です。指導技術は、「匠」の世界の話ではない。どの指導者もが永遠に求め続けなければならない指導者の資質である。その意識から生まれた技術とともに、その意識が生み出す空気が子どもたちとの信頼関係を作る。子どもたちとの信頼関係のもとで進む道徳科でこそ、目指す道徳の授業が、実現する。自発的な技術向上意識によって、無限に身近にある教材が生まれ、子どもたちにとって、魅力ある道徳授業へと進んでいく。

8. まとめ

　道徳教育は、指導者と子どもの信頼関係から始まる。その信頼関係の基盤は、「多様なものの見方ができる指導者」といっても過言ではありません。

道徳の時間を大事にしたいばかりに、押し付けの授業になっていないか心配です。また、担任の私ばかり、話をしてしまいます。どうすればよいでしょうか？

大きな問題ではありません。

解　説

　大きな問題では、ありません。指導者としての思いが軽いまま、授業を進めている先生より、はるかに私は好きです。先生としての自分の思いを大切にしてほしいと思います。ただ、基本的なことを理解しておくことは必要で、今一度、道徳の時間のポイントを確認しておきます。

①小学校は、担任制です。これは、担任の先生とともに学ぶことに効果があるとされているからです。その先生が自分の思いなくして、魅力的な授業も学級経営もできるはずがありません。学級の乱れは、先生の確かな思いが弱く、指導観が不安定なため、目の前の子どもたちにあっていないものを押し付けてしまうことが原因です。もちろん、先生の熱い思いが出すぎ、苦労することがありますが、そこから、児童理解や技術の向上が見えてくるのです。先生の思いを道徳的諸価値理解と置き換え、目標に戻ってください。

②道徳の時間における教材は、凡そ教科書・自作教材・先生の話・友人の意見の４種です。その４種から得た情報から心を整理し、判断力を培っていくのです。情報収集は目的ではなく、そのあとの自己を見つめ、判断力を育てることが目的です。本来どの情報も内容によって判断すべきですが、現実は友人から学ぶこと（友人の意見）が、重視され、授業の値打ちとされる傾向があります。情報の出所が重視されるのではなく、内容が重視されるべきです。「誰からでも・何からでも学ぶ子」の育成を目指しています。先生の意見も情報の一つですから、先生に対する意見が出ても当然です。そうした学級経営をすべきです。ただ、先生の話し過ぎは、言葉に重みをなくすことにつながります。

③また、子どもたちの意見を引き出すことは、最も技術が必要で、難しいため、現場の先生が苦手とする道徳の授業づくりの中で拘ることではありません。子どもたちから出なければ、何時だって先生から出せば良いことです。もちろん、盛り上がりは、色々なケースが望ましく、ある時は先生で、ある時は子どもで盛り上がる。教材だけで盛り上がることもよくあることです。教材を情報の一つとして、先生や友人より軽視することなく、重視すべきです。

④また、道徳の時間は「道徳的価値の理解を基に、自己を見つめる」時間で、新しいものを植え付けるというより、その価値について、持っているものを引き出す時間と考えることです。注入型ではなく抽出型です。ただ、抽出＝話すではありません。書くことも同様。引き出すとは持っているそこに光を当てるだけのことです。子どもたちはよりよく生きていこうとする思いをすでに持っています。その充実を目指すのが道徳教育です。

　このＱにおいては、質問者がすでに「友人から学ぶことを最も重視する指導観」が根底にあるように思います。

Q.10

道徳の時間が大事であることを、子どもたちにどのように伝えたらよいのでしょうか？

A.

わざわざ伝える必要はありません。

解 説

　わざわざ伝える必要はありません。道徳教育は学校生活全ての中で推進していますが、それぞれの行事・教科等の取組のねらいがあり、道徳教育の内容がメインになっているのではありません。道徳の時間だけが、その内容を中心に進めているのです。

　道徳教育の内容を基に、心を使い、心を整理し、自己を見つめなおす道徳教育の要となる時間が道徳の時間です。道徳教育を補充進化統合します。よりよく生きようとしている心に光を当てる時間ですから、充実することで、日々の活動そのものが意欲的になり、力が湧き出てくるのです。

　元気が出た！　　自分に自信が持てた！　　人のことが理解できた！

　道徳の時間が、このような経験を重ねる場であれば、道徳の時間が必要であることを理解しますし、あえて、大事であることを説明する必要はありません。しかし、説明することも授業の効果を上げることにもなることがあります。ここに、授業の中で、道徳の時間の意味を、子どもたちに話した実践を紹介します。

☆今日のお話では、泣いていた道子さんのことをみんなで考え、その気持ちに共感しました。道子さんを通して、みんなの心を感じました。心を使うことが道徳の時間です。

☆今日は、最後のノート学習で、授業の整理から、改めて、自分は優しい気持ちを大事にしていることを感じたことでしょう。心が整理できて良かったですね。心を整理することも道徳の時間です。

☆きれいなリンゴを見て、まさか裏側がかじられているとは思わなかったでしょう。人は、そうした見通しをもったり、また、勘違いをしたりすることがあると理解できました。その理解が人に優しくしたり、力を合わせたりする力のもとになります。人間理解も道徳の時間です。

☆一つのリンゴも、見る人によって違って見える。多様なものの見方があることを知りました。これも人間理解であり、これが自己理解にもつながります。自己理解ももちろん道徳の時間の目的です。

☆昔の人の知恵はすごかった。妖怪を子どもの躾に使ったり、風呂敷を便利に使ったり、それが今もなお活かされている。もちろん、鑑真もヘレン・ケラーもすごい。人の知恵や生き方を学ぶことも道徳の時間です。

☆みんなのまとめのノートから「いつもやんちゃな博くんがそんな優しい気持ちを持っていたなんて」「おとなしい秋子ちゃんが、そんなことを考えていたなんて」そうです。友達の心を知ることも道徳の時間です。

　道徳の時間の意味を知った子どもたちは、道徳の時間を楽しむとともに、大事にします。

Q.11

議論する道徳ができそうにありません。どうすればよいでしょうか？

A.

日常的にできているのでしょうか？　無理することはありません。

解　説

　無理することはありません。議論することは道徳の時間の目的ではありません。普段の他の授業で議論する授業が成立しているでしょうか？していないなら、無理をすることはありません。学級において議論が成立していないのに議論を目指すと、それが目的化してしまいます。無理をすると、自己否定感が育ち、日々の生活が自信のないものになり、当然、道徳の時間も面白くないものになってしまいます。

　また、道徳教育の充実に関する懇談会報告（平成25年12月）で指摘されたように、指導者は、道徳の時間の指導に不安を持っている現状です。自信のないところ（道徳の時間）で、日常できない力をつけながら授業を作っていくことは、せっかくの教科化が生かされないと心配します。「議論することが目的化しないよう留意」とよく言われますが、当然の危惧です。授業の最後の先生の言葉が、「今日は、良く発表できました。終わり」となるのではないかと心配しているのは、笑い話ではありません。

　以上２点から、「誰もができる道徳」、「多くの学級が充実する道徳」を意識した場合、難しい視点です。道徳の時間の目標を再度確認し、議論は、あくまで情報収集の一つであり、目的でないことを自覚してください。それを分かった上で「議論する道徳」を目指すべきです。

　議論することによる効果や他授業での議論する授業づくりは、多くの方が実践し発表されていますので、省略します。その上で、活発な議論を意識した私の実践を紹介します。（今回は活発な議論が日常的には成立していない学級を対象とした実践の紹介です。）

1. 教科書で
　① 　中心発問が授業の中心であることは当然です。思わず意見を出したくなる発問が、目指すところですが、簡単ではありません。むしろ、的外れの発問ケースが出てきます。それより、研究し尽くされた既存の教材の既存の発問で十分です。話ができやすい学級の雰囲気作りが優先であり、「登場人物は誰ですか」等の道徳的内容とは違った発問も多く入れておくことです。教室の空気を柔らかくし、発言しやすい雰囲気を作ることでいつの間にか議論していることをお奨めします。
　② 　中心発問には、「自分ならどうする」的な発問は厳禁。自分の行為とかぶせると、その発言において、気の弱い子・賢明な子は、ますます口を閉ざします。そして、一部児童の発言だけになるか、形だけの発言になります。「自分からかけ離れた立場やもの」を通して考える発問にすることで、自分の思いを出すストレスを軽減します。自分からかけ離れた立場やものとは、動物・神様・校長先生・イチロー・ドッジボール等。
　③ 　読み物資料だけに終始しないこと。多様な教材が、読み物資料をも新鮮に感じ

させます。マンネリズムは、議論する道徳を目指す場合の最大なる敵です。
④　基本的な話し合い授業の進め方の工夫として
　　☆対人学習活動で、声を出すことになれる。
　　☆小グループ活動で意見を言う・聞くことになれる。
　　☆まとめの一人ノートで、友人の思いを確認する。
　　☆座席を工夫する。先生の立ち位置を工夫する。
⑤　スキル学習として、人の意見に対し、繋げることを意識させることも効果的です。
　　意見をつなげる指導の工夫（スキル学習例）

2. 繰り返し発問

> T　　　　「その時のオオカミさんの気持ちはどうだったでしょう？」
> 本田君　　「悪いことをしたなあと思っていたと思います。」
> T　　　　「と、本田君は、そう言っていますが　どう思いますか？」
> 岸本さん　「私もそう思います。挿絵の顔がしょんぼりしています。」
> T　　　　「と、岸本さんは、そう言っていますが　どう思いますか？」
> 藤原さん　「岸本さんも本田君もそういっていますが、私は違うと思います。それなら初めにウサギさんがやめてといった時、やめていたと思います。」
> T　　　　「と、藤原さんは、そう言っていますが　どう思いますか？」
> 木村さん　「ウサギさんの声はオオカミさんに聞こえてなかったように思います。」
> T　　　　「と、木村さんは、そう言っていますが　どう思いますか？」
> 鹿野さん　「ウサギさんの声は関係ないと思います。オオカミさんももともと…」
>
> 　こうした繰り返し発問は、意見を言った人の意見に対して反応するスキルを経験することで、話し合い（議論）の力をつける効果があります。

3. エンカウンターを活用して
　　今、したばかりの現実体験での感想なら、思わず言いたくなる場合が多くなることが期待できます。ここで、議論することの楽しさを実感させます。

4. ディベート的な授業展開を経験させて
　　ここで、議論することの楽しさと意義を伝え、実感させます。他にも色々な取り組み方がありますが、議論集団として成立していない場合、まず、他の教科学習や学級活動の中で成立させてから、道徳の時間に生かしてください。

Q.12

タブーと言われていたことが最近、認められています。どう考えれば、よいでしょうか？

A.

タブーは、時代とともに、変化するものもあります。

解 説

　タブーやセオリーは、時代とともに変化するものもあります。また、タブーやセオリーというのは、基本が理解されている場合に使うことです。しかし、道徳教育の場合、その基本（定石と言えばいいのでしょうか？）が理解されていない現状ですから、当然、混乱することがでてくるでしょう。

　A先生が、「道徳の場合、〜〜やで」という。正解です。

　横で、B先生が「今は〜〜やで」ともいう。これも正解です。しかし、この時、それ

それの理屈が分かっていることが前提となります。

　そうした意味で、過去のタブーの理屈を考えてみることは意味があります。道徳の時間の特性がそこに表れています。また、状況（重視する点）が変われば、タブーもセオリーも変わり、その扱いを柔軟にする必要があります。タブーは、過去の経験や、統計から生み出されたものですから、失敗の確率が高いものです。セオリーはその逆で成功確率が高いものです。

　ノーアウトでランナー1塁。打者は2番バッター。

　セオリーは、…バントです。

　しかし、8回裏で、5点差なら、セオリーは、…バントなしです。逆にこの場面で、バントは、タブーです。

　点差、回、バッターの状況、相手ピッチャーの様子で変わります。タブーは、T.P.O.でかわるものもあります。それぞれ細かく、細分化されているものです。その情報収集能力によって、判断する引き出しが多くなります。

　しかし、ノーアウトでランナー1塁。打者は2番バッターの時にバントした方が良い意味を理解しておくことが必須です。それを理解せずに、相手ピッチャーがどうのこうのと判断する…それが今の道徳の現状です。

　私はよくタブーで遊びます。チャレンジして、「やはり」と痛い目に合うこともあります。しかし、自分自身で確かめたい思いも大事にしたいと思っています。

　…次ページは現場の先生から求められ、現時点（平成29年）で感じているタブーとセオリーをまとめたものです。

　…もちろん、日々変化しています。

　…道徳の時間を理解する目的で活用してください。

　…もともとタブーとして取り上げられることは、実践したくなる魅力を持っているのです。

タブー・セオリーから　〜道徳の時間を理解する〜

　どの世界にも、セオリー・タブー・定石があり、その効果はよく知られています。そこに至るまでの多くの人の経験やそのデータがセオリーを生み、成功への確立を高める道を作っています。しかし、前提となるルールや方針が変われば、そのセオリーが変わるのは、当然のことです。

　道徳が教科になり、過去の道徳との変化を感じます。しかし、過去のセオリーが周知されているとは言えない現在、セオリーの変化が、混乱を生む可能性もあります。従来のセオリー（30年も前から）の確認は、自分自身の道徳教育に関する認識を確かなも

のにする手助けとなります。もちろん、どの問題も指導要領が基盤になっており、指導要領と向き合っていることが必須です。セオリーの意味を踏まえた上で、セオリーを上回る多様な指導を進めることも、時にはおもしろいものです。

1. **1時間は、1資料・1価値で進める**
   - 今は、セオリーでない。複数資料活用は以前より可。また、複数価値においても、今回、可と認識されている。リスクはある。
2. **資料の範読は指導者がする**
   - 今もセオリー。初めて出会う教材を子どもたちに上手く伝えることは容易ではない。また、意図的資料提示を考えた場合、指導者が当然か。
3. **資料は、分断しない**
   - 今もセオリー。ストーリーを考えるのではないが、その意識が働く。
4. **資料に登場する人物は、亡くなった人に限る**
   - 今は、セオリーでない。
5. **資料における企業名などは、削除する**
   - 今は、セオリーでない。
6. **展開は、前段と後段を分ける**
   - 今は、セオリーでない。後段なしも最近はよくあるが…。
7. **発問では「なぜ」とは、問わない**
   - 今は、セオリーでない。そのリスクを理解して活用すべき。
8. **発問では、「あなたならどうする？」とは、問わない**
   - 今は、セオリーでない。自我関与。そのリスクを理解して活用すべき。また他の指導の工夫で自我関与する方法がある。
9. **子ども同士の相互指名はしない**
   - もともと、セオリーというほど話題性もない。
10. **方法的な解決の話合いは、しない**
    - 今は、セオリーでない。しかし、心情重視でない授業のリスクは大きい。
11. **終末の決意表明は、しない**
    - 今もセオリー。しかし、道徳教育無理解からかまだ実践されている。リスクが大きく危惧する。
12. **道徳授業は座学である**
    - 今は、セオリーではない。文科省からもエンカウンター資料が配布されている。

Q.13

保護者の方から「道徳」について質問されたら答える自信がありません。

A.

多くの方の問題ですが、大きな問題です。

解説

　多くの方が、答えられない可能性が高いですが、大きな問題です。「先生もあまり分かってない」と思われたら、それまでの取り組みも、重みがなくなってしまいます。

　道徳の場合、大人であれば、誰もがそれぞれの思いを持っています。しかし、学校で取り組んでいる道徳の時間と世の中の道徳のイメージにずれがありますので、簡潔に説明できることが望まれます。

以下は、予想される質問ですが、若干のズレはあっても、全て自分の思いで自分の言葉で話さなくてはなりません。言葉の終末は、「道徳の道徳教育の目標をしっかり伝え、今職員みんなで研究を進め、取り組んでいるところです。」で納めます。もちろん、毎週、実践しているという事実は不可欠です。

Q.先生、道徳って教科になったのですね？何が変わったのですか？
　A.教科書と評価です。教科書を中心にした授業になります。教科書は良い話がいくつもあります。評価は通知票に記載されます。他の教科のように数値で評価しませんが。

Q.先生、変わっていないのは何ですか？
　A.目標も週時間数も同じです。進め方も変わっていません。

Q.先生、なぜ、教科になったのですか？
　A.いじめ問題をはじめとする現代的な課題に対して、今まで以上に道徳の時間を重視し、レベルの高い授業を目指すためです。

Q.先生、道徳って教科書でするのですね？
　A.基本的にそうですが、全て教科書という感覚ではありません。目の前の子どもたちにふさわしいと感じる教材があれば、どんどん活用することになっています。

Q.先生、道徳に評価があると聞いたのですが、どんなのですか？
　A.他の教科とは違って、数値化せず、文章評価です。また、他の人との比較ではなく、個人内評価です。他の教科の指導と同様、子どもの成長を願う評価です。

Q.先生、道徳は修身と違うのですか？
　A.違います。人としての道を学ぶとする面では同じです。道徳教育は、持っている力を引き出すものです。教え込む教育ではありません。目標通りです。

Q.先生、道徳と国語は、どこが違うのですか？
　A.全く違います。道徳の目標と国語の目標は違います。国語科の目標は、「国語を表現・理解する力の育成」です。道徳は、「よりよく生きて…以下省略」です。

Q.先生、道徳でどんな力がつくのですか？
　A.目標通り、「よりよく生きていこうとする力」です。集団社会の中で、自分を見つめ、自分らしく判断する力の育成です。

Q.先生、道徳で学力は上がるのですか？
　A.上がります。学力向上に必要な要素として「向上心・関心・安心」の三つが重視されますが、全て心がついており、心の問題です。特に安心できる家庭生活・学校生活の中でこそ、力がつくものです。

Q.14

理論研究を深めたいのですが、何から始めたら良いのでしょうか？著名人の方々の言うこともそれぞれ違うように思います。

A.

当然です。

解　説

　当然です。指導要領をスタートに持論を述べられます。しかし、解釈の仕方には違いがありますので、伝言ゲームと同じことです。私たちもプロですから、誰もが、自分で確認することです。

　スタート（指導要領）に戻ります。

　指導要領解説を辞書代わりにします。1冊￥135。本書1冊分で10冊以上買うことができます。ぜひお勧めします。10年使えますから5冊買ったとしても1年￥70です。しかも、内容は素晴らしいです。学校教育の基本姿勢から、指導者の教育観、児童の発達段階からの児童理解、基本的な授業の作り方…幼稚園の指導要領までついています。

　私は例年3〜5冊買い、辞書代わりに使います。1冊は落書き用。（これは鉛筆で読んだところを消します。なぜなら、言葉が難しいからです。消して字数を少なくしていきます。）1冊は職場用。1冊は家用。また、いつでもコピーできる用。…

> ○指導要領
> ○指導要領解説
> ○教科書
> 　これらは、文科省がかかわっています。

> ○教科書教師用指導書
> 　著名人の出版本
> 　これらは、独自のもの（と言っても指導要領をベースにしているはず）ですから自分自身で吟味する必要があります。この書もそうです。気になるところは、指導要領解説に戻ってください。

　ぜひ、指導要領解説を辞書代わりに日常的に扱うことをお勧めします。本書を買う前に指導要領解説です。135円です。

　さて、Qに対するお答えをします。しっかりした理屈をもって、自信を持って取り組みたいとする思いには、共感します。プロ意識をもって、専門的に実践していきたいです。もちろん、そうした思いをもって、毎年少しずつ力をつけていければよいことです。自己研鑽のもと、自分らしい思いを出せる授業作りになればいいですね。

　それにはまず、指導要領解説で、基本的なことを理解し、その上で、自分らしさを追求していけばよいですね。確かな基本を身につけるためのポイントは以下の3点です。

　その①　指導要領解説を日常的なものにします。まず、3冊買い、1冊は職員室机に。

　その②　研究授業の教材については自分も学年関係なしで授業をします。研究協議があった教材は実践しやすいですし、考察しやすいです。もちろん、研究授業参観時に指導要領解説は手にしておきます。他学年のところや関係内容項目のところを研究授業中や協議会中に確認しておくことです。

　その③　学級のお便りにその週の道徳授業の様子を載せることです。2〜3行でも良いと思いますし、解説からのポイントを書くだけでも良いです。文章化することによって、確かな理屈が自分のものになり、何よりもの授業考察になります。半年続ければ、少しは理屈が身についていることと思います。

Q.15

校内のみんなで、研究を深めたいのですが、何から始めたら良いのでしょうか？

A.

職員室で日々、道徳の時間のことが話題になる方法があります。

解　説

職員室が日々、道徳の話題になる方法を紹介します。

その①　全校同教材実施：全校同教材で授業します。年間2～3回が望ましいです。第4章第2節で記述しているとおりです。今や、インターネットで「泣いた赤鬼指導案」と検索すると、小学校1年生から中学校まで手に入ります。つまり、多くの方の実践が学年を超えています。問題ありません。同教材実践で、話題は学年を超えて、情報交換が行われます。また、挿絵などの掲示物の共有が自然と情報交流になります。「同じ釜の飯を食う」感覚です。仲間意識も育ち、それぞれの先生の引き出しも自然と増えます。

第4章第2節に紹介した3教材だけでなく、アニメ（ドラえもんシリーズ）やNHK道徳TVもお勧めです。

その②　学校掲示板道徳コーナー：学校掲示板に道徳コーナーを設置。授業で扱った掲示物と子どものまとめノートを掲示します。子どもたちが掲示物を見ることもねらいですが、先生がそれらを活用する働きが大事です。その①のノートなら、特に効果的。1年生と6年生の捉え方が違う。そんなことをみんなで確認することで、発達段階の意識や授業研究への意識が高まります。参観日や懇談会日を節目とすれば効果的です。

その③　その②の掲示物やノートを授業で扱う。

　　T：今日はこれから「思いやりについて考えてみます。初めに1年生の道徳のまとめのノートを紹介します。1年生はこんなことを思っています。」どうでしたか？

　　C：1年生も思いやりのことをしっかり考えていると思います。

　　T：これは、道徳コーナーで見つけたノートですが、みんなもまた、紹介してくださいね。

このように導入時に扱い、他者理解とともに自分たちの問題とし、授業への意識を高めます。これもまた情報交流が進み、共通の取り組みとなり、研究実践が日常的に、職員室のものになります。

その④　研究公開授業は事前事後に全校で実施：どの学校も公開授業が研究の中心となり計画が進められます。その公開授業を生かします。Q14にも記述しているように、研究授業で扱われた教材は必ず、各学級で持ち帰り、実践します。終えれば当然職員室の話題になる。その話題は、「子どもを通した教材観」になり、教材研究とともに、発達段階や児童理解が深まります。生徒指導上の児童共通理解が日常的に行われます。また、これで、それぞれの先生の引き出しが増えます。

Q.16

ひとつの内容について、どこまで深く入り、指導していけばよいのかわかりません。

A.

良い方法があります。
まず、…

解説

　良い方法があります。子どもたちの生活指導や道徳の内容の基準は、自分自身の今までの経験値で判断していることが多いはずです。また、先輩教員からアドバイスを受けることもあると思います。それら自分の経験値や先輩教員の経験値は宝物ですが、道徳の内容項目の指導の観点からも、発達段階を判断していくことが大事です。それが、専門的で説得力のある指導につながります。

　例として、内容項目の指導の観点一覧表から、A―(4)を見てみましょう。

> A―(4)　個性の伸長
> 1・2学年　　　　自分の特徴に気づくこと
> 3・4学年　　　　自分の特徴に気づき、長所を伸ばすこと
> 5・6学年　　　　自分の特徴を知って、短所を改め、長所を伸ばすこと

(『小学校学習指導要領（平成29年告示）解説　特別の教科　道徳編　P.26、27より』)

　2年担任がこの表を見ます。

　「そうか。1・2年では特徴に気づくだけでいいのか？来年、長所を伸ばす。5・6年で短所の改めか…。」

　…目の前の子どもが隣の子にいたずらを繰り返す。…でも短所を改めるのは5・6年なので、まあいいかということにはなりません。目の前の子どもを見て、先生が判断するその指導は、様々で、先生らしさが出てくる部分です。

　道徳の指導の観点は、発達段階を踏まえたものであり、指導に効果的に働きます。この発達段階を理解していた上で、目の前の子どもたちにふさわしい指導を選択すべきです。子どもの行為はいろいろな要素が含まれ、一律の指導にはならないはずです。だからこそ、ぶれたり、迷ったりします。それぞれの内容についての発達段階を理解していくことが、指導に迷いを持つことなく、自分らしい指導になります。基礎基本を知った上での自分らしい指導が、子どもたちの信頼を得る指導への道であることは間違いありません。

　友情についても、公正公平についても、家族についても、相互理解についても同様です。

　この発達段階理解によって、指導が精選され、指導のスリム化となり「余分な指導・無理な指導」を避けることにもつながります。指導技術の向上とスリム化＝専門的な多忙感対策でもあります。

　指導要領の解説一覧表は大変便利な味方です。指導要領解説のダイジェスト版と考え、職員室の机の上に張り付けてください。

Q.17

教科書「道徳」をうまく進めるコツを教えてください。

A.

3つのポイントがあります。
1つ目は…

解 説

ポイント別に書いていきます。

ポイント①　教科書指導書をうまく活用し楽しむ

　　指導書は、道徳を特別に研究を続けてきた人が作ったもので、何回かその指導案を検証し、実践してきたものです。当然、的を射たものと言えます。もちろん、良き指導案であっても、誰がしてもよい授業になるというものではありません。作者の意図や細かい支援の部分まで理解することは難しいものです。指導案はいいが、技術が伴ってなかった。理解しきれてなかった。という結果は想定できることです。しかし、まず、そのまましてみることをお勧めします。それが一般的な発問であることが多く、その一般的な発問を理解するところから始めることは効果的です。実践していく中でまねていく中で学ぶのです。飽きたら、一般的な発問も理解した上での自分の発問にしていきましょう。

　　＜留意点＞そのままできるのは展開部分だけです。導入・終末は、学級や先生の実態がありますので、同じものでは効果は期待できません。本書で述べている身の回りのものを補助教材として扱うべきです。

ポイント②　教科書挿し絵をうまく活用し、教材提示は、子どもたちに、お話をプレゼントする気持ちで、楽しむ

　　教科書挿し絵はその発問の場面に合わせ、作成しているはずです。絵もきれいですし、そのまま、拡大コピーし、板書に使うことです。これで板書の50％はできたようなものです。これにフラッシュカードの白（P.145参照）を準備できたら、板書の80％はできたようなものです。

ポイント③　繰り返し使い楽しむ

　　2年「にわの小鳥」の終末に「泣いた赤鬼」
　　5年「友の肖像画」の終末に「泣いた赤鬼」

　　同じ道徳の指導内容のものがあるはずです。導入・終末の補助教材はお勧めしていますが、教科書も補助教材として扱えます。「にわの小鳥」の終末に「泣いた赤鬼」を読んで、一般化する。ヤマガラも青鬼も一緒や。僕ら2年1組も一緒やと整理することで授業の成功が見えてきます。

　　また、異学年教材も面白いです。昨年の担任学年と違うことが当たり前の話ですが、全学年のものを扱えば面白いです。先生は知っている教材ですから、その扱いにも慣れているはずです。昨年は、2年担任。今年は5年担任。「友の肖像画」の終末に「泣いた赤鬼」を読む。なんだか子どもたちも総合的なものの見方ができそうです。…また、泣いた赤鬼？そうです。何度も使うことを先生がまず、楽しめるようにしてください。

Q.18
自作「教材」を、うまく作るコツを教えてください。

3つのポイントがあります。
1つ目は…

解 説

これも 3 つのポイントから説明していきます。

ポイント①　教材収集をメイン活動にしてください。

　　まさかの教材（P.22）先生が面白いと思ったものは教材になる（P.44）で述べているように、教材収集が最も楽しいです。また、いつまでも子どもたちが覚えているのが、教材です。先生が収集選択した教材は、子どもたちの胸をときめかせ、授業成立の道へ、まっしぐらです。

　　しかし、先生がそのことを実感しているかどうかが問題です。「道徳の時間は、子どもたちと良き教材を共有することでねらいは達成する」とまで、言い切れる思いで、教材を収集選択してください。そのための教材加工であり、教材提示の工夫であり、教材を深く考えるための発問です。道徳の時間は、教材がもつ力が重要となれば、先生もストレスなく、楽しみながら、授業を進めることができます。

ポイント②　多様に進めることです。

　読み物教材：これは教科書が素晴らしいので、教科書に任せる気持ちでよいでしょう。時折、良い話を先生からプレゼント。教科書のお話も上記したように、子どもたちへのプレゼントの気持ちで提示してください。

　エンカウンター：体験道徳です。多くの子どもから好かれる先生は子どもを遊ばせるのが上手。エンカウンターで遊びながら学習する力をつける。

　　まずはおしゃべりゲームからです。（P.110）おしゃべりのテーマを自作してください。10 分あれば 6 つできます。

　アニメ：教科書を上回るレベルのアニメが世の中には、山ほどあります。視聴し、終末での心の整理をすればよいのです。この心の整理を重視していないと、視聴後の展開にエネルギーが必要になってくるかもしれません。

　　また、「アニメを見せて終わりは道徳ではない」とする指摘が 20 年ほど前に聞こえていました。終末を軽視しているためですし、年間 35 時間の毎週道徳においての活用は、他の教科書教材をも新鮮な気持ちにさせ、効果的です。その素晴らしさに気づき、取り入れている教科書がありますが、紙ベースではその感動は 100 分の 1 にも及びません。

　まずは、思い切って、多様に楽しんでみることです。

ポイント③　毎年扱うことです。

　　オリジナルを 3 つ持っておれば、どの年もそれを扱いましょう。毎年 1 つ増やせば、気が付いたころには、「何をしようか」と困ることはないでしょう。もちろん、ねらいや発問や教材提示において、発達段階を加味し、展開しなければなりませんが、それがまた、指導技術を身につける機会となります。

Q.19

子どもの発言を板書する時、子どもに背を向けます。何か良い方法は、ありませんか？

A.

あります。

解説

あります。ぜひお勧めします。

＜例＞6年　鑑真　A—(5)より高い目標をたて、物事をやり抜く

発問を「鑑真は、どんな思いで、6回目の船に乗ったのでしょう？」

C1「何としても日本に行かなければならない。」

C2「日本で仏教を広めなければならない。すでに亡くなってしまった栄叡のためにも頑張らなければならない。」

C3「また、沈没するんじゃないかな。不安だ。」
C4「今度こそだ！今度こそ成功させるぞ。」
C5「何人もの仲間がこの5回の失敗でなくなっている。ここでやめるわけにはいかない。」

こうした意見を板書している場合、一人の文を書いている間、その都度、後ろを向く。そしてまた、前。また後。子どもの意見を背中で聞いてしまい、どうしても急いでしまいます。

類型化板書 をお勧めします。

① 類型化しておく（書く内容を決めておく。）

　初めに書く内容は、類型化し、予想しておきます。板書の類型化です。この場合の類型化は、A決意・使命、B心情、C状況の3つです。この発問から確認したいことはこの3点です。予想していなくてふさわしいと先生が感じたものは、追加で書けばよいことです。類型化の時間がない場合は、その場で判断。

② 子どもの声は、メモを取る。この場合、バインダーですので、子どもの方を向いています。また、鉛筆メモですからチョークと違い、スピーディーです。

　そのメモの中で板書するものを整理しておきます。

③ 3人分、板書します。

　1人め　仏教を広めるには、日本へ行かなければならない　A決意・使命
　2人め　亡くなった仲間のためにも最後まで頑張る　C状況
　3人め　不安だ！　B心情

大体こうした意見でしたね、と学級の意見を板書する。ゆっくり書いてもよいです。

板書を待っている時の子どもたちは、
　一人ひとり板書する場合、この場合は、今言った意見をすぐ書くわけですから、子どもたちは、先生が何を書くのか分かっています。つまり、待ちの状態です。しかし、類型化の場合、何を書くのか分かりません。だから、先生が書くのを注視します。
　この点も大きな違いがあります。

難しく感じますが類型化の内容にこだわらず、先生の感じたその時の代表的意見として3人分選択し、板書するとしたら難しくはありません。もちろん、想定外の子どもの思いや考えも出てきますが、それを処理する力が指導技術であり、楽しみです。

Q.20

道徳の時間が行動と結びついているように思いません。どうすれば良いでしょうか？

A.

問題ありません。

解　説

　問題ありません。

　ただ、その実践が心情を重視していることが大事です。

　即行動化が道徳の時間の目指す姿ではありません。即行動化を目指す悪例は、「この間の道徳の時間に、これから友達に優しくする。と言ってたのに…。」「宿題忘れ？この間のまとめで、家庭学習を頑張ろうと書いてあったのに…。」等、行動化を求める道徳の時間の実践では、子どもに言わずとも、指導者の心の中に行動化を求めているものが位置づいてしまいます。言わずとも、こらえた！では同じことです。その指導者の道徳授業に対する感覚を「即行動を求めない」に変えることが求められることです。

　また「道徳しても意味がない。同じ。」子どもの変化成長を見抜けない指導者の勘違いも考えられます。どちらもその思いでは、道徳の時間の充実は見込めません。

　「心情を育てる」ことに専念することです。それが道徳の時間です。また、最も確かな実践への道と言えます。再度整理しておきます。

　道徳の時間は、既に誰もが持っている思いや考えを引き出し、自分の思いと価値理解との整理の時間です。実践力の育成が最終ゴールですが、即行動化をイメージしてしまうことが、道徳の時間の充実を抑えてしまっている要因の一つです。

　道徳の時間は、心を使う時間・心を引き出す時間・心を整理する時間です。

　価値を理解した心の育成（心情）をスタートと考えます。心ない実践力を目指しているのではありません。むしろ、「心情だけで実践につながる」と、思い切った意識を持つことも必要です。それが指導者にも子どもたちにも、ストレスなく、実践力をつけることになります。むしろこれが一番の近道でしょう。

　「子どもたちから行動につながる言葉を引き出すことが道徳の時間」と注入型の道徳の時間をイメージしている場合は、上記質問になるでしょう。100回〜〜しなさいと聞かせる（先生の言葉も学級友人の言葉も同じ）授業は、道徳の時間が目指すところではありません。

> 子どもの発言なら抽出型。先生の発言なら注入型。と処理している場合もよく見られる勘違いです。子どもの発言も先生の話も同じことです。聞いている人には、どちらも一つの情報です。

　よりよく生きていこうとする実践力は、だれもがすでに持っているものであることを前提とした指導にすることが重要です。「心情中心の道徳の時間が、実践力につながらなかった問題であり、改善を要する」としている声もありますが、乱暴な言い方をすると、それが間違いです。実践につながらなかったのは、全国的に道徳の時間を実践していなかったこと。またはその進め方が、結局心情軽視であったことが原因です。

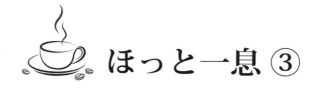

ほっと一息 ③

ドラえもんは強い！
35時間全てドラえもんで実践したい！

　心を使うことが道徳授業のはじめの一歩。
　改めて、ドラえもんが強いことを実感する。今も、私はドラえもんに勝てる授業ができるとは思っていない。大学の授業でも圧倒的にドラえもんは支持される。「毎週、ドラえもんでしたいです。」と、熱狂的なドラえもんファンが授業後、話しかけてきた。「できるよ。現場でぜひ、そうすればよい。35回の教材を全てドラえもんでする。間違いなく心の教育が成立するよ。」指導の観点の内容項目２２をクリア？実践研究者なら、簡単にできるだろうと推測している。筆者との合同実践なら間違いなく成立する。学生が、本書を読み、将来「一緒に研究しましょう」と声をかけてくれることを期待している。

見るだけで道徳の時間が成立する
第１位	アニメ：ドラえもん「ぼくの生まれた日」	テーマ：家族
第２位	アニメ：ドラえもん「おばあちゃんの思いで」	テーマ：家族・感謝
第３位	検索：思いやり算ＣＭ	テーマ：おもいやり
第４位	検索：♪ウルフルズええねん（動画で）	テーマ：プラス思考
第５位	検索：銀の皿ＣＭ「認知症のおばあちゃん」	テーマ：家族
第６位	検索：人を助け人に助けられる国で	テーマ：ボランティア
第７位	検索：リオパラリンピックＣＭ	テーマ：障害のある人と
第８位	映画：クールランニング	テーマ：目標・明朗
第９位	検索：いいなＣＭリクルート「人生は素晴らしい」	テーマ：よりよく生きる
第10位	検索：三太郎ＣＭ	テーマ：友情

　上記は、お勧めはするが、「ぜひ」にとは思っていません。なぜなら、そうした動画で教材になるものは、簡単に手に入ります。上記は著者の好みです。皆さんの好みを見つけて下さい。
　簡単です。思いやり算ＣＭで検索して下さい。
　次は感動動画・感動ＣＭと検索して下さい。

第4章 みんなで取り組むことを楽しむ

第1節 全校で共通教材を実践する

＜全校で取り組みやすい3教材＞

　　1. おしゃべりゲーム
　　2. 父の言葉
　　3. バスと赤ちゃん
　　　　…上記3教材は、一例としてあげたもの。他にも多くの教材が考えられる。

全校共通教材の魅力

1. 道徳について、職員室での話題が学年に留まらず、全学年対象になり、授業研究が日常的になる。道徳の研究と子どもたちの生活がコラボし、子どもたちの力がつく研究意識が高まる。
2. 校内研究が進む。共通した教材を全員が経験することで、全員が主体者となる。また、研究内容に、深まりと専門性が出てくる。
3. 授業交換をはじめとし、授業交流が簡単に推進できる。
4. 学校の道徳教育の取り組みが、保護者に分かりやすくなり、理解を得やすくなる。

1. おしゃべりゲーム

準備：おしゃべりカード・サイコロ（グループに1つずつ）

おしゃべりゲームの進め方 [4人組]
進め方
① 4人の順を決める。（ジャンケン）
② 1番目の人がサイコロを振り、そのテーマについて話す。2番～4番の人も続いて、そのテーマについて話す。
③ 2番の人がサイコロを振り、その人から話をする。カードが裏表ある場合は裏のテーマにする。3→4→1の順。
④ 続ける。

おしゃべりゲーム 道徳科学習指導案

1. 主題名　聞き上手　B－（10）
2. ねらい　おしゃべりゲームを通して、お互いの思いや考えを知る喜びを感じ、仲良くしていこうとする態度を育てる。
3. 教材名　**おしゃべりゲーム**
4. 学　年　小学校2年～中学校3年（本指導案は小学校3年を想定して作成）
5. 主題設定の理由
    ① 内容について
        コミュニケーションは、集団生活において重要な活動。それが他の人への理解を進め、謙虚な気持ちや寛容の心を導く。その力が集団生活を充実させる。今回、思いを伝えることにおいては、話し手以上に聞き手を重視し、その役割の意味を実感させる。また、他の人の思いや立場を大切にすることは自分の喜びにもなることを感じさせる。
    ② 児童について
        情報化社会でありながら、子どもたちの人との直接交流は多いとは言えない。子どもたちにとっても新鮮なコミニケーションゲーム。ゲームを楽しむ中で、自分の話を聞いてもらえる喜びと他の人の話を聞く喜びを実感する。その実感を自分の思いとして整理し、より良い友人関係を広め、深める力につなげていきたい。
    ③ 教材について　扱い方＜共感的・模範的・批判的・感動的・(体験的)＞
        子どもたちが楽しめるゲームである。導入時の確かな意識付け（聞き手が重要）や終末の一人学習（ノート）によって、楽しいゲームに留まることなく、人の思いを大切にする学習となる。役割演技・少人数活動・パス3回等、指導の工夫によって、誰もが安心して楽しめる学習とする。
6. 授業への思い
    この教材は、以下のように多様に扱える。
    ① 3年生を対象としたが、1年～6年、中学においても扱える。
    ② カード内容を変えることで、学習内容を「礼儀B-7」「家族C-15」「命D-19」等として扱える。学校行事の内容にすることも楽しい。
    ③ カード内容はそのままで、学習内容を導入や終末を聞き手に焦点を当てることで、「集団の充実C-16」で集団における役割としても扱える。今回は「B-10の相互理解」。
7. 展開

学習活動	活動及び発問と児童の反応	支援・留意点
1.おしゃべりの魅力を知る。 知識理解 導入 10分	○おしゃべりの良いところと悪いところはどこですか？ ・仲良くなる　・悪口陰口 ○おしゃべりは聞き手が大事。どんな気持ちで聞くことが大事でしょう？	・おしゃべりの魅力を理解し、今日は良いところに焦点を当てることを確認する。 ・役割演技（温かく聞く・冷たく聞く）で聞き手が大事であることを実感する。
2.ゲームをする。 中心活動 展開前段 25分	◎ゲームを楽しむ ▽4人組 ▽パスは5回。 ▽10分×2セット（グループ交代）	・パスは、話し手のストレスをなくすためのもの。みんなでゲームを楽しむ意識を持たせる。 ・楽しんで進めているか、机間巡視し、支援。
3.感想を話し合う。 交流 展開後段 5分	○ゲームをしてどうでしたか？ ・楽しかった。 ・安心して話をすることが出来た。 ・聞き手が大事だった。	・楽しかった理由を確認することでおしゃべりの力を実感し、相手の思いを大事にする喜びを共有する。
4.学習の整理をする。 一人学習 終末 5分	◎ノートに自分の思いを整理し、自分の思いを確かなものにする。	・自己理解と実践意欲を高める。 ・友達の思いを紹介し、他者理解とする。

8. 評価

○おしゃべりゲームを楽しむことができたか。

○聞き手の役割を理解し、友だちの思いを知る喜びを実感できたか。

○ねらいに対する自分の思いを整理できたか。

板書計画

クラスの思いを板書に
自我関与…自分たちの日々の思い
・自分と一緒・もともとみんなおしゃべりが好き

パス回数は5回
苦手な人への配慮で、みんなで安心して進めるゲームであることを確認。そのため5回以上は必要

フラッシュカード
両面使いで聞き手を強調

矢印
今日は、良いところに視点を当てた学習であることを押さえる

吹き出し
聞き手のスキルを吹き出しを使って理解する

おしゃべりゲーム（エンカウンター）の特性

① 相互理解重視：聞く話す活動から、互いの思いを知り合える。相互理解は道徳教育の肝であり、子どもたちが相互理解の重みを実感することになる。相互理解重視から、他の道徳の時間への効果も期待できる。他の道徳の時間との連携も位置付けやすい。

② 簡素化　多忙感対策に
　⑴ 簡単に教材を作ることができる
　⑵ 年間、数回できる
　⑶ 毎年できる

③ 全ての学年ができる
　・全学年共通教材により、指導者の情報交流が進み、校内道徳研究推進の柱になる
　・①の相互理解が定着し、相互理解が、校内道徳研究推進の柱になる

④ 指導者のオリジナルとして、主体的に、発展的に展開できる
　＜発展その①＞テーマ変更で、他内容で扱える
　・今日の内容は、話しやすいことを意識して
　・次回は「命」をテーマにして　　　　　・次回は「家族」をテーマにして
　お勧めは、行事をテーマにして
　・「運動会」前に、　・宿泊学習前に…　　　・卒業式前に

⑤ ＜発展その２＞テーマ変更せず、他内容で扱える
　・今日は、相互理解
　・次回は、集団生活の充実（自分の役割）
　☆「内容一覧表（別紙）」で指導要領（確かな基本）への初めの一歩

⑥ ＜発展その３＞保護者懇談会で使う
　・アイスブレイクとして、保護者として語る
　・我が子を見つめる手段として、我が子になって語る「うちの勝なら…」

⑦ 読み物教材（教科書）中心の授業におけるアクセントになり、マンネリ化を防ぐ。「おしゃべりゲーム」の授業そのものも楽しいし、読み物教材にも新鮮な息吹をもたらす。

⑧ シンプルな展開で、指導者にとって、ストレスのない授業が成立する。

⑨ 繰り返すことから、指導者の指導技術が向上する。
　・導入・終末の重みを実感することができる
　・教材内容・展開・価値内容が同じことにより、発達段階を意識した児童理解が進む

相互理解　おしゃべりゲーム

　相互理解『内容11の相互理解、寛容』は、道徳教育内容項目の 指導の観点の中心である。相互理解が、全てのコミュニケーションの基盤であり、集団社会・ストレス社会・情報化社会に大きな力を持つ内容である。

　しかし、相互理解は難しいもの。最も近い関係であり、無私の愛が期待できる親子ですら、互いの理解は難しい。「親心子知らず」とはうまく言ったもの。

　江戸時代や明治時代等に比べ、人権感覚がはるかに進んでいるとする現在においても同様に難しい。相互理解というのは、集団社会における永遠のテーマであり、今後とも消えうることのない課題といえる。

　つまり、こうした難題に対しては、確かな分析と対応も必要ではあるが、何より、結果を求めすぎず、常に意識し、楽しむことが大事である。

　その一つとして、おしゃべりゲームで楽しむ。楽しむ中で、相手の思いを知る喜びを実感する。自分の思いを知ってもらう喜びを実感する。この喜びは想像以上に大きく、「友だちと仲良くする」や「思いやりをもつこと」や「大切である家族」につながる。これは読み物教材や話し合い活動で感じうるものの比ではなく、乱暴な言い方ではあるが、100回仲よくしましょうとする言葉より、1回のおしゃべりゲームによる実感の方がはるかに力がある。この力が、学校生活全てに影響する。

　缶コーヒーのCMにぴったりのものがある。公園のベンチに知らないおじさん二人が、缶コーヒーを飲んでいる。一人は、サラリーマン。もう一人は鳶職。はじめ、二人とも相手をうらやましく思う。

　　　　　サ…何も考えずに働いているんだろうなあ。気楽でいいなあ。
　　　　　鳶…俺は肉体労働で大変なのに、楽そうでうらやましいなあ。
　　　　　「いや、ちょっと待てよ」
　　　　　サ…俺なら、あんな高いところで仕事、無理無理。すごいなあ。
　　　　　鳶…相手客や上司に頭を下げて…無理無理。俺にはできない！

　お互いが相手の苦労を認める。そして、同時に、空き缶をゴミ箱へ。

　「どうぞ」「どうぞ」と互いが譲り合う。知らない者同士でも相手を認めることで（相互理解）、相手を思いやる行為が自然と出る。

　相互理解は、大事であることを実感しやすいが、簡単ではない。だからこそ、日常的に子どもたちに投げかけ、常に大事にする姿勢を意識しておくことが必要である。指導者の説話でとどまることなく、子どもたちの楽しむ時間の中で、道徳の時間の中で、日常の中で、実感しておきたい。それが学級づくりに力を発揮し、思いやりある学級経営・安心できる学級経営につながっていく。

　そして、おしゃべりゲームが、道徳の時間が、生活の中に生きる。

第4章　みんなで取り組むことを楽しむ

パフェとカレーどっちが好き？	最近うれしかったことは？	最近感動したことは？

イヌとネコどっちが好き？	家族の自慢は、何ですか？	好きな有名人は誰？

最近失敗したことは？	さんまさんに会ったら何て言いますか？	最近腹立ったことは？

大人になったら何になりたい？	友達と行ってみたいところは？	宝物は何ですか？

2. 父の言葉

子どものころ、足の病気で入院。となりにも同様の女の子がいた。自分は完治し、町でその女の子と出会う。足には「赤い松葉杖」。それを見て隠れるが、父から「行ってお話してあげなさい。」と言われる。しかし、…

父の言葉　道徳科学習指導案

1. 学　年　　小学校１年〜中学校３年（本指導案の２以下は、５年生を想定して作成）
2. 主題名　　本当の思いやり　B-7
3. 本時の目標　誰に対しても思いやりの心をもち、相手の立場に立って親切にしようとする態度を育てる
4. 教材名　　中心教材「父の言葉」
　　　　　　出典：文溪堂「５年生の道徳」
　　　　　　補助教材「思いやり算」　ACジャパン＜CM＞30秒
5. 展開

導入	○５年１組の友達から親切（思いやり）にされたことってどんなこと？ ○この人誰？	・教科書を忘れた時かして… ・こけてけがした時、保健室… ・黒柳徹子。ＴＶに出ているタレントであることを確認する。 [A] [B]
展開前段 「父の言葉」 で話し合う。	◎どちらが優しいですか？ 中心発問　他例 （例◎「父が、かわいそうと思うなら、言ってお話してあげなさい」と徹子に言ったのは、どんな気持ちからでしょう？） （例◎徹子は、どんな気持ちで、女の子から隠れたのでしょう？）	・徹子：なぜなら… ・父　：なぜなら… ・２択発問 ・徹子に本当の優しさを教えたかった。 ・徹子なら、元気を出させることができると伝えたかった。 ・女の子が、私の元気な足を見たら、より悲しくなると思ったから。 [C]
展開後段 「思いやり算」 を知る。	視聴する３視点 ・少年の目線を追いかける。 ・親切にされた人の反応を見る。声を聞く。 ・＋－×が、÷を生み出したことを知る。	▽１回30秒：２〜３回見る。 ▽思いやり算のフラッシュカードは授業後も掲示する。 ▽相手の反応から、「思いやり」と「おせっかい」の違いを感じる。 [D]
終末	学習の整理をする。 道徳ノート	

○ [A]（私の教室）[B]（タレント）[C]（教科書）[D]（世の中）…「どれも一緒や！」と、同じであることを実感することで、思いやり行為に対する定着と意欲の高まりを期待できる。

板書例 「父の言葉」 5年：思いやり

板書によって：授業が効率よく進む

○授業が分かりやすくなる。

○授業がスピーディーに進む。

○授業を振り返ることができる。

＊終末の振り返りを重視しない授業には、板書を終末の「心の整理」に使う発想が生まれない。

板書の書く順と書く方向：留意点と遊び心
1. 書く順を自由に。この「父の言葉」の場合。
   ① Aから書くか？……一般的。前ページの指導案通り。
   ② Bから書くか？……導入を黒柳徹子から入る。それからAにもどる。
   ③ Cから書くか？……今日の勉強は、これです。と2択を宣言し、導入へ。
2. 書く方向。
   右から左へ：縦書きで　　左上から右下へ：横書きで
   真ん中から広げる　　　　最後に真ん中　　フラッシュカードでとりあえず

> 遊び心で先生自身が楽しんでほしい。先生がマンネリにならぬように。

D

思いやり算
＋ 助け合う
－ 引き受ける
× 声をかける
　そして
÷ 分け合う

題名から「父の言葉」
本当にかわいそうと思うなら行ってお話ししてあげなさい
父は、どんな思いで徹子に言ったのでしょう？

C

父
てつこ
どちらが優しい？

B

父の言葉
黒柳徹子　子供のころ足の病気だった

写真
挿し絵

A

5年1組
思いやり（親切にされた）を感じたことありますか？
○教科書、忘れ物した時見せてくれた。
○休んだ時、連絡帳を持ってくれた。
○こけたとき、心配してくれた。

第４章　みんなで取り組むことを楽しむ

板書基本スタイル

A：導入　自分の思いやりを知る。「５年１組の思いやり」
B：導入　黒柳徹子を知る。
C：展開前段　教科書の思いやりを知る。「父の言葉」
D：展開後段　世の中の思いやりを知る。CM「ACジャパン：思いやり算」
☆Aを板書に残すことで、自分の生活と教科書教材「父の言葉」を結び付ける。自我関与。
☆Dを板書に残すことで、世の中のことと教科書教材「父の言葉」を結び付ける。CMと世の中が求めているものとが同じであることを理解させる。
☆ABCD…自分も教科書も黒柳徹子も社会の人々もみんな一緒であることを実感する板書となっている。

２択 質問の魅力

☆２択は、自分の思いを持ちやすく、話し合いに最適。
☆同じ思いをしている人がいることを知り、自分の思いに安心する。
☆違う思いをしている人がいることを知り、色々な思いの人がいることを実感する。
☆人数を把握することもおもしろい。
☆ディベート形式で話し合いを進めることもおもしろい。しかし、多数決でないことを確認することは必至。
☆他の教材においても２択３択は発言者のストレスが少ない。
☆また、読み物教材のお話は、２つの心として、２択にできる。
「勝君は、その時、花子さんに○○と言ったほうが良かったのか、◎◎と言ったら良かったのか」
「道子さんは、行かなかった。行った方が良かったのか？」
「りんごをとったサルを許すか許さないか」等。

身の回り教材

黒柳徹子・ACジャパン（思いやり算）等、
☆教科書の補助として、身の回りのことを教材とすることで、お話の世界に終わることなく、自分たちの生活と同じ内容であることを実感する。「知ってる。知ってる。世界ふしぎ発見に出てる人やん。」
☆学校外で出合う資料は、生活の中で学校での授業を思い出す。一人で道徳をする復習となり、学習定着が期待できる。「あっ。思いやり算や。この間、道徳でやったなあ。」
☆身の回りのもの教材は、家族をはじめとする学級の友人以外の人と話題を共有しやすい。
TV見ながらの家での団欒中、「お母さん、黒柳徹子でこの前、道徳したで。」「へえ、どんな道徳？」「徹子はな、子供のころ、足の病気やってん。それでな…」

補助教材 「思いやり算」　ＡＣジャパン＜ＣＭ＞３０秒

＋：助け合う。
－：引き受ける
×：（声を）かける

すみませんねえ。
お願いします。
どうしたの？

そして…

÷ 分け合う

ありがとう

本教材｛思いやり算｝の扱い方
　＊３０秒で「思いやり」の理屈が理解でき、実践意欲が高まる。教材力あり。
　＊思いやりの温かさが実感でき、「わたしも、ぼくも」と行動意欲が高まる。
　＊少年が主人公。主人公の目線に注目させることで自我関与となる。
　＊＋－×÷…子どもたちの身近な算数でのごろ合わせは、記憶に残る。
　＊思いやりの連鎖を感じる。＋－×で思いやりを見ていた少年が、÷で分け合うで行動をする。思いやりは見ていると行為につながる。
　＊登場人物の関係が「知らない人」と確認することで、対象者が最終目的である誰に対してもとなる。友情や家族とした知人でないことを抑える。
　＊親切にされた人々の声「ありがとう・すみませんねえ」等に注目させることで、思いやりをされた人が喜んでいることを抑え、する側の一方的行為でないことを理解させる。
　＊２～３回視聴する。視点を絞って視聴させることで、上記視点を子どもたちと共有することができる。

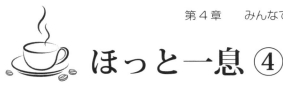

ほっと一息④

32年間の道徳の時間実践の中で著者が印象に残っている子どもの感想ベスト3！

…確かな記憶ではないので、若干の違いはあると思いますが再現しました…

1番「自然を守ることについて勉強しましたが、アトムはとても優しいと思いました。今日の授業で、わたしのお母さんがアトムが好きな理由がわかりました。」

　　教材は、アニメ鉄腕アトムの「赤いネコ」。明治時代に国木田独歩の随筆「武蔵野」を手塚治虫が感銘し、自然破壊をテーマにアトムで漫画にする。そのアニメを今、私たちが学ぶ。これこそ「家庭との連携」を感じた子どもの感想でした。学校便りにもこの感想を掲載したことを記憶しています。

2番「今日は、偏見について、みんなで考えました。でも、ぼくは、偏見はなくならないと思います。なぜなら、少し何か見たらそれで、予想してしまうからです。…」

　　なるほど。それはそうだ。いくら偏見と見通しの違いを説明したところで確実に使い分けることはできないはず。この感想以後、わたしの偏見に関わる指導が変わったのは自然なことでしょう。

3番「5年生の時は、徹子の方が優しいと思っていたけれど、今日（6年生）は父の方が優しいと思いました。」…同様の感想が4〜5人いた。

　　教材は、本書にも記している「父の言葉」。当時、私は道徳専科授業者で、2年連続で同じ教材で同じ発問をした。中心発問は、「父と徹子、どちらが優しいと思いますか？」全く同じ教材同じ発問であっても子どもたちの意欲は変わらなかった。すっかり忘れていたように授業も進み、感想のように子ども自身がその成長を実感できること機会にもなった。また、その成長を指導者が一番喜び、みんなで共有したことを記憶している。本著で「全学年共通教材」として「父の言葉」を挙げているのは、この実践が影響していることは間違いない。

3. バスと赤ちゃん

バスは満員。赤ちゃんが泣きやまず、他の乗客に迷惑と判断した母親は、目的の停留所の前で降りようとする。運転手はそのことに気づき、目的地まで乗るよう声をかけ、乗客にマイクでそのことを説明する。
「お母さん、気にしなくていいよ。」とばかりに、乗客から拍手が起こる。

第４章　みんなで取り組むことを楽しむ

バスと赤ちゃん　道徳科学習指導案

1. 学　年　　小学校３年～中学校３年（本指導案の２以下は、５年生を想定して作成）
2. 主題名　　思いやりっていいな　B―７
3. 本時の目標　誰に対しても思いやりの心をもち、相手の立場に立って親切にしようとする態度を育てる
4. 教材名　　中心教材「バスと赤ちゃん」
　　　　　　出典：中学生の道徳１年＜あかつき＞
　　　　　　補助教材「思いやり駐車場」　看板：京都府・三重県
　　　　　　　車いすマークから、思いやり駐車場マークへと、転換している思いやりある世の中。思いやりの気持ちが色々な人へ向かっている。私もその社会の一員であることを自覚する。「今度、見つけよう！」
　　　　　　補助教材「子育て支援ステッカー」　新聞記事
　　　　　　　「赤ちゃん」を子育てるって、大変なことです。お母さんを応援しますよ。としたステッカーを作る。希望者30枚に900人が応募。今、そのステッカーが50000枚、使用されている。多くの人が求めている。多くの人が、そう思っていることを実感し、自分の問題として捉える。「私もほしい！」
5. 他に考えられる補助教材
　　以下のように、本授業に合うと考えられる身の回りの教材は多く存在している。

思いやり算	ＡＣジャパン＜CM＞30秒
どうぞのイス	絵本
「どうぞどうぞ」	缶コーヒーCM：相互理解（サラリーマンと鳶）
知識は広げても座席では広がらない	ポスター：阪急電車グッドライフ＆グッドマナー
親切	漢字：親を切る？いえいえ。

〈ポイント〉
　◎補助教材においても中心教材と同様、指導者がその教材の特性を分析・整理し、その活用の意図を確かにしておくことが大事。
　◎補助教材の収集は簡単。生活の中にあふれていることを実感するまでがポイント。経験ないことが難しく感じさせている。まずは、はじめの一歩をふみ出してみましょう。

補助教材の類型化

意欲的活用　　　：心情に迫り、行動意欲を高める。
一般化的活用　　：中心教材と違う視点を提示し、一般化する。
定着的活用　　　：印象に残るもので、学習の定着化をねらう。
自我関与的活用：教材が身近なものによって、自我関与意識でテーマに対する自分の思いを整理することができる。
知識理解的活用：新しい知識による理解から、学習内容を納得する。

『市民しんぶん』京都市　H.29.11月号

● これなら私だってできると感じさせてくれる補助教材。
● この私だってできる」が自我関与となり、安心と意欲の学習へとつながる。
● ポイントは行為ではなく、心情を共有すること。

第4章　みんなで取り組むことを楽しむ

> このステッカー希望者が30人の募集に900人。それが10,000人になり50,000人になった！

赤ちゃん 泣いていいよ

子育て応援ステッカー

周りの人、電車や店で見守る

電車内やレストランなどで赤ちゃんに泣かれると、保護者は肩身のせまい思いになりがち。周囲の人が「気にしなくていいよ」というメッセージを伝えるためのマークが生まれている。

赤ちゃんのイラストの横に、「泣いていいよ！」と呼びかけると、900人から応募があった。

提案したのは、サイトの編集部と交流があった、東京都在住のエッセイスト紫原明子さん(34)。自らも10年ほど前、外出先でのランチのさなかに1歳の長女が「うるさい人は出てってください」と注意された。謝っていたたまれない気持ちになり、「なるべく迷惑をかけないように、気をつけていたつもりだったんです。でも出来なかった。申し訳なさと悔しさ、悲しさで涙が出た」と振り返る。

子育て応援のステッカーを含めたこのプロジェクトを紹介するホームページを開設すると、「泣きやまずに困ってしまう時、周りが

共感 続々と誕生

いる姿を見かねた店員が、個室を用意してくれたり、「たたかく見守ってくれてることがわかると、がんばろうという気持ちになれます」(30代女性)、「赤ちゃんも泣くものだし、自分たちも泣くものだった」(10代男女)など、これまでに2千件を超すコメントが届いた。

先月には、プロジェクトを応援する人が1万人に達する「貧困者数」が1万人に達した。活動には企業なども加わり、大手の手土産店や飲食店、医療機器や芸術品店などにポスターが掲げられつつある。

ステッカーの印刷数は5万枚に。活動にあたってくれている人がいて、「泣いちゃってごめんね。」と、支援したい人が使う「泣いちゃうぶ」、こどもは、泣くのが仕事です」の2種類で、ホームページから画像や動画が無料で入手でき、必要な時にスマートフォンの画面などに表示して使う。

実際に使っている様子を紹介した動画の再生回数は約130万回になった。マークの広がりについて、子育て世帯の情報誌「ひよこクラブ」の編集長・仲村麻子さんは「ツイッターなどのSNSが普及するようになった一方で、赤ちゃんを迷惑がる声が、保護者に届いてしまうようになった。それを温かく見守りたいという思いがまに出してくれる。応援

イン会社「アマノジャックデザイン」と協力し、今年4月にステッカー「ALRIGHT BABY」（赤ちゃん、大丈夫だよ）を制作した。

オリックス生命保険（東京）は3月、子育てするママ、パパを応援する「#泣くのが仕事」プロジェクトを始めた。子育て世代の女性社員たちが企画した。デザイン会社の直売店でお土産行きは好調で、奈良らしく鹿と子ども月増刷した。計400枚を印刷。

者らしくもマークが使う「泣いてもいいよ！」のステッカー

育児情報サイト「ベビータウン」が2013年、会員向けにアンケート（回答数860人）を実施したところ、6割超が昼間のぐずりに「困っている」と回答した。

理由（複数回答可）には「なぜ泣いているかわからなくて途方にくれるから」（52.4％）、「外出先などで人に迷惑をかけている気になるから」（33%）などが挙げられた。

奈良県生駒市で活動するベビーマッサージ教室の講師・岩城はるみさん(36)も、出先で泣かれ困り果てた親たちの声を聞いていた。そこで、奈良市のデザ

スマートフォンなどに貼って使う「泣いてもいいよ！」のステッカー

左「#泣くのが仕事」プロジェクトのマーク＝オリックス生命保険提供 右「ALRIGHT BABY」のステッカー＝「アマノジャック デザイン」提供

『朝日新聞　赤ちゃん　泣いていいよ』H.29.9.8

つな（が？げ？）る道徳の時間　気持ちの上でも理屈の上でも

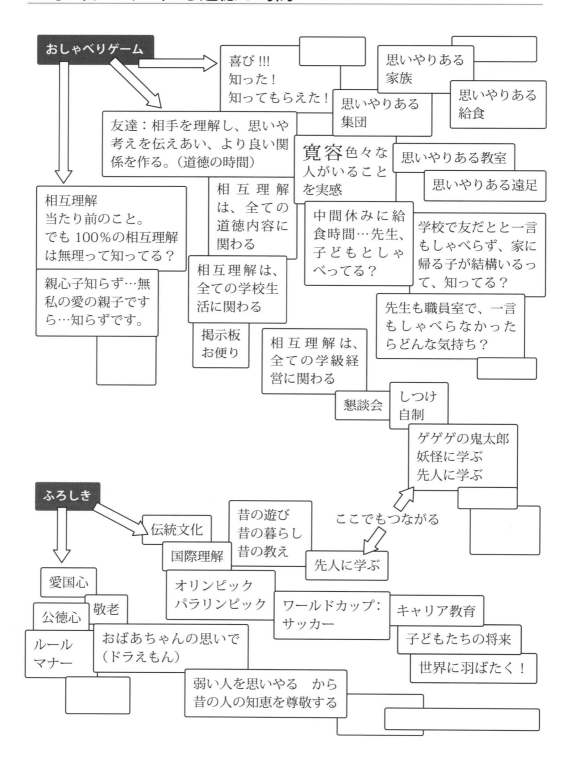

第4章　みんなで取り組むことを楽しむ

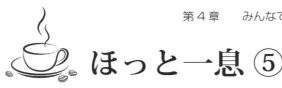
ほっと一息 ⑤

下手な鉄砲　数撃ちゃ当たる。
下手な発問　数すりゃ冷める。
感動がどこかへ行ってしまう…。

　指導助言や講演会で、皆さんにほっとしてもらうこともめあてにしているが、ほっとさせられることもある。

　支部の道徳主任会で10人ほどが集まり、指導助言をする機会があった。本音ではあるが、失礼かなと思いながら、話した時のことである。

　「教材の範読で、みんながいい話やったなあ。」と感動したのに、その後、発問するたびに子どもたちの表情が硬くなり、感動もどこかへ行ってしまう。これなら発問せず、いきなり心の整理をした方が良かった。ということはありませんか？」乱暴な言い方で失礼だろうなとやや心配していた。ところが、心配に反して多くの人が微笑みながら、うなづいている。しかも表情から、「いつもそうです。」と感じさせてくれる人もいる。現実です。しかも主任会ですから、各学校で推進している方々のことです。

　ほっとしました。やはり子どもの感動（心を使うこと）を皆さん大事にしているんだ。

　「いいなあ」を共有することが道徳の時間。話し合うことでもグループ学習することでもない。もちろん、その充実度（求めるもの）は、一人ひとりの指導者によって違うが、これは指導者のキャラではなく、道徳の時間に対する理解不足からきているように感じている。
30人の学級で
　　発問は、10人が挙手している。これで十分とされるでしょう。
　　しかし、残りの20人が気になる。
　　教材共有（いいなあ）なら、より30人に近いものを誰もができる。
　教材共有…心情重視で心が育ちます。心を使うことが道徳の時間の目的です。週に1回集団で心を使うことが心を育てることになるのです。20人もの子どもが下を向いているようでは心を育てるとは違う話になっていると考えます。
　今まで、それではだめとしていたのは、その多くが、道徳の時間を実践していなかった。実践している方々も、発問が中途半端であったためでしょう。

第2節
「チーム道徳」で取り組む

　第1節で全校共通教材による実践を推奨。その考え方の元は、どの教材においても全学年が実施可能であるということ。現在、「泣いた赤鬼：指導案」で検索してみると、小学校1年生から中学生までの実践が公開されていることは、前述している。
　もちろん、教材提示・ねらい・発問・導入等、各学年学級の実態に合わせたものになることは言うまでもない。だからこそ、研究が進む。だからこそ、指導力が向上する。

チーム道徳で…

研究授業

研究授業はみんなで取り組むと言いながら…

講演にしても助言にしても一番うれしいことは、「私もやってみました。」の一言。研究授業者も同様であろう。公開した授業教材は、全員でやりましょう。

この効果は計り知れない。

1. 同教材であるため、全校指導者の問題となり、研究授業後も話題（研究）が続く。
2. 当然、発達段階の違いをより感じるため、発達段階の理解とそのための指導の工夫が話題になる。
3. 授業者も個人プレイでなくチームを感じ、より実践意欲が高まる。

ローテーション授業

<進め方>同学年内で指導者が同教材で他学級を回っていく。3学級であれば、3週連続同じ教材で実践する。大きな魅力が2つある。

1. 教材準備は、3週に一度でよい。
2. 3週連続同教材をすることで、指導技術が高まる。指導力がつく。

> 単級や2学級であれば、隣接学年と組む。
> 著者が道徳専科指導者であったころ、年間の半分程度は、4年から6年まで同教材を使っていた。なんの問題もない。もちろん、上記したように「ねらい・教材提示の仕方・発問」等の工夫は必要。

担任外による授業

みんなが指導者になる。他学年交流ももちろんのこと、管理職・養護教諭・栄養教員などもその対象。学校教育全般で取り組む道徳教育だから…年に一度や2度は、道徳の時間を経験することも面白い。その授業づくりは担任以上に多様になる可能性もある。

> 退職する年の2月まで、管理職として授業をしていました。1回きりの授業だと子どもたちが物珍しく感じるので、「3週連続」入ることを約束しての実践でした。

実践している学校もあります。子どもたちの学習の姿を肌で感じることとなります。

第5章

はじめの一歩を楽しむ

第1節

道徳の時間とは　はじめの一歩①

「いいなあ」と「いい話」を共有する時間

　教科書（当時は副読本）は、私自身が研究を始めた30年前に比べ、はるかに素晴らしい。感動する話、考えさせられる話、エンカウンター、スキル、写真等バラエティーに富んでいる。

　研修会で尋ねる。「最近いい話やなあと思ったことはどんなことですか?」すんなり出てこない。出てもすぐに「その前に感じたいい話は?」と突っ込むと、困る。「いい話」と言っても、すっと出ないし、そうあるものではない。教科書の話は心に訴えるものが多く、（感動だけではなく、考えさせられるものも同じ）ここでいう「いい話」が並んでいる。毎週それが提供できる。

　今日も子どもたちと「いい話」を共有した。

　次の週も子どもたちと「いい話」を共有した。

　次の週もまた子どもたちと「いい話」を共有した。

　1週間に一度、「いい話」を共有することで心が育つ。誰もが感じていることです。お母さんが、我が子に毎日のように絵本を読んだり、いい話を聞かせたりする。この感覚で授業を進めることです。それだけで十分です。

　「いい話」は、担任の先生が思う「いい話」です。それが、担任の先生が進める心の学習です。概ね、教科書から伝える。時には、先生自身が生活の中で感じたいい話を交える。TVから新聞から、他の先生から本から、情報化社会の今、その材料に困ることはない。そうした感覚を持ち合わせているかどうかである。

　そのあとの展開の進め方の技術も必要ですが、まずは、毎週「いいなあ」と子どもたちと「いい話」を共有できたことを喜ぶことをはじめの一歩とする。このはじめの一歩、子どもの心の育ちに大変大きな力を発揮する一歩です。

第5章　はじめの一歩を楽しむ

第2節
道徳の時間の作り方　はじめの一歩②

　授業づくりで最も大事にすべきことは、「子どもたちにこんな授業をしたい」とする先生の熱い思いです。受け身で良い授業づくりにはならないし、技術も向上しない。したい教材・したいテーマ（内容）があってこそ、授業づくりも向上する。当初は、うまくいかないことは百も承知。繰返しの実践の中でうまくなる。楽しみながらの実践でこそ、繰り返しが自発的なものになる。また、技術の向上も期待できる。このはじめの一歩は、このことを前提とした簡単マニュアルであり、授業づくりのスタートラインである。

中心発問の作り方　例：「父の言葉」P.116参照

教材が決定したら、

1. 1回読み 教材を1回読み、気にかかる場所（文言）をマークする。（5、6か所）
2. 2回読み 2回目読むときは、そのマークした場所を意識し、子どもたちと最も考えたい場面を一つに絞ることを意識して読む。
3. 2で決定した場面において、その扱い方（右記）を決める。
   ＜ここでは「父の言葉」を共感的に扱う＞
4. 発問の対象者を決め、共感に視点を当てた発問内容（心情・判断・態度・理由等）で、文言を決める。
   ＜今回の対象者は徹子。内容は心情＞

資料の活用類型
1. 共感的に扱う
2. 模範的に扱う
3. 批判的に扱う
4. 感動的に扱う
＊この4類型、明治図書「道徳資料における基本発問」青木孝頼著を参考（詳しくはP.135）

　女の子を見て、隠れた徹子はどんな気持ちだったでしょう？

> 1回読み・2回読み
> 下記ポイントに記しているように子どもたちは、1回しか読めない。授業研究のため、指導者が何回も読むことも必要ではあるが、初見の気持ちも大切にしたい。筆者の造語ではあるが強調する意味でこの言葉を使っている。

〈ポイント〉

● 児童は、授業では1回しか読めない。その感覚を忘れない。

● 気にかかる文言は、指導者の思いと言える。その思いには本時のねらいと児童の様子が加味されている。当初は入っていなくても、意識しておけば、入ってくる。大人意識から先生意識への変化となる。この場面を児童と共有し、焦点を当て、深い学びとする。この共有だけでも道徳の時間の目指すところ。

● 上記3・4は、慣れてくると同時に考えられるようになる。

基本発問の作り方

1. 1回読みのところを基本発問（3点〜5点）場面とする。
2. その場面で、（誰の何をどのように）発問の文言を考える。
   誰…徹子？父？女の子？　何を…気持ち？考え？理由？
   どのように…扱い方（共感？模範？批判？感動？）

〈ポイント〉

- 1回読みは先生が気になる場面であるので児童と共有する発問として相応しい。中心発問のための基本発問になっていることが多い。
- 何をどのようにの発問が立てにくい場合は、中心発問と同様、「どう思っていたでしょう？」「どんな気持ちだったのでしょう？」と心情を共有すればよい。
- 進めていく中でその基本発問3点が的を射たものになり、また、心情だけでなく、判断理由や考えに焦点を当てた発問に変化していくことが期待できる。

> 本書では、以下の視点で発問を記述している。
> 中心発問：授業の中で、子どもたちに「感じさせたい・考えさせたい・共感させたい等」とする発問。主に1つ。時には2つも考えられる。
> 基本発問：中心発問を生かすための欠かせない発問。3〜5程度。
> 補助発問：授業の流れや子どもたちの様子から、必要であれば扱うために準備しておく発問。

導入の作り方

1. 導入を決める。ねらいへの導入かお話への導入か決める。はじめの一歩は、ねらいに関する学級の様子が良い（A）。または、同じ内容の補助教材（身の回りのもの）を紹介する（B）。

＜決定！導入発問（A）＞
　友達から優しくしてもらったなあと思ったことはどんなことでしたか？

＜決定！導入（B）＞
　CM：思いやり算を見る（発問は無くても良い）

〈ポイント〉

- 「はじめの一歩」は、導入は重視する。導入軽視は、指導技術が高くなってから。
- 上記友達もCMも自我関与につながり、中心発問を自分のこととして捉える支援となっている。

終末の作り方

1. 終末のノート学習を最重要学習とする。「今日学習したことを整理しましょう。」
   ① 一人の時間とし、40分で学んだことの心の整理の時間とする。
   ② ノートには、先生のメッセージとして、中心教材の挿絵と導入時のポイントを入れる。これで、自我関与への支援となる。

〈ポイント〉
● 一人の時間を重視。それまでの導入や中心教材展開等は、全てこの時間のためと考える。「後で書いておいてください。」ではなく、その前の時間を途中で切ってでも時間の確保をする。
● 終末の前に展開後段として、中心教材とは別の補助教材を入れ、一般化を図ることは効果的。その場合、身のまわりの「漢字」「ポスター」「CM」等を扱う。みんなで共有するだけで一般化になり、自我関与にもなる。

板書の作り方

黒板を以下のように分けて扱う。「縦書き：右から左」をはじめの一歩とする。

〈ポイント〉
● 重要ポイントは、導入・展開後段を残すこと。上記したように、その黒板が中心教材と導入や後段での生活を並列にとらえさせ、自我関与支援になり、行動化へのはじめの一歩となる。黒板は自分の思いを整理するための重要な支援アイテムである（P.36参照）。中心教材だけでなく、自分のこと友だちのこと世間（CM）のことを加味した、心の整理を求めている授業づくりとしていることで成立する。黒板は、学習のまとめをしにくい児童の支援になる。
● 板書の基本スタイルは4つ程度、自分のものとする。
   ①上記　②横書き：左上から　③真ん中から（人物中心）　④2種比較型
● 終末のノート学習の前に、板書を使った学習のふりかえりをすることで、心の整理が、決定する。

第3節
評価について　はじめの一歩③

評価活動に自信を持つために

　昨今、多くの学校の研修で求められるのが「評価」。それだけ先生方が不安を感じておられる状況であるといえる。たくさんの研究者の方々が、色々な場面や文章で、「評価」について述べておられますが、それらは指導要領の伝言ゲームと考えられなくもありません。先ずは指導要領（解説 P.107〜116）を確認した上で、自分なりの考え方を確立することです。

　以下、筆者の考えを述べますが、これも同様に捉えてください。

1. 評価の意義
    - 先生にとって…指導改善のため　　・子どもにとって…成長する（力をつける）ため
2. 評価の内容 3本柱
    ①個人内評価　②記述式（数値化しない）　③児童の成長につながるもの
    →③は指導者が意図的に授業の中に組み入れることからはじめる。心の成長には、評価者の心も入ることが望ましいが、責任も加わるため、確かな道徳教育理解が必要となってくる。
3. 観点3本柱
    ①35回の学習の中で、児童が特に魅力を感じた授業に対する思いを評価
    ②授業と生活が結びついた場面で、学習を生かしたことを評価
    ③授業と授業との関係の中で見られたつながりや変化を、成長として評価
    　→①からスタートすることが無難。そのためのアンケートは必要。
4. 通知表評価をすることで
    - 評価を理解することで、道徳教育・道徳の時間を理解することになる。
    - 評価を記述することで、今まで見えなかった子どもの姿が見えるようになる
    - 評価を記述することで、指導観において、指導者の成長が期待できる。

〈ポイント〉

> ● 指導者の理解のスタートは指導要領とする。
> ● 子どもや保護者が読んだあと、「元気」がでてくるものにする。

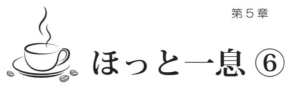

青木孝頼先生の教材4類型はすごい！
「私もしたい！私もできる」へのはじめの一歩になります。

　道徳教育の研究をはじめて40年近くになる。多くの方々の研究を読んだり見たり、参考にさせていただいてきた。

　この青木先生の4類型は、1974年発行の「道徳資料における基本発問」の中で記されており、筆者がこの考え方と出会って35年。今も使え、現場の先生への研修でも紹介することがよくある。

　他の方々の研究を認めることはあっても、一般化できない理由が見え、現場ではなかなか使うのが難しいと判断してしまいます。他の方の研究で、唯一、現場の先生に勧めてもよいと筆者が認めることができるものです。

教材を以下の4類型でその扱い方を確かにしておく。これで、指導者にとっては授業がぶれず、筋の通ったものになります。ただ、現在、エンカウンター（体感）による道徳授業も認知されており、この4類型に5番目として1つ加え、5類型として啓発しています。

- 共感的に扱う　　私もそう。徹子の気持ちがよくわかる。それが優しさですね。それなら私も優しいと自分のことが分かったわ。
- 模範的に扱う　　父の言葉はすごいと思うし、徹子に教えた点も見習いたい。私もそうした生き方がしたい。（※青木先生は「範例的に扱う」とされています）
- 批判的に扱う　　やはり、父の言うように、徹子は、隠れてはダメだったと思うわ。
- 感動的に扱う　　すごくいい話。～～の点が特に良かったと思う。
- ＋(プラス) 体感して扱う　やってみて、よくわかった。この気持ちが大事なんだな。これが思いやりということが良くわかったわ。

　この扱い方が決まると、発問や焦点を当てたい登場人物が、自然と決まる。

　5つが重なりあうことはありますが、スタートとゴールが、はっきりし、「はじめの一歩」におすすめします。

第6章 自己研鑽を楽しむ

第1節 自我関与を楽しむ

　自我関与が重要視されるのは当然のこと。子どもたちが、自分事として感じ、学習する姿を見ることは指導者にとっても最大の楽しみ（充実）である。

　自分事でなくては、その思いも、その発言も、そのまとめも、浅いものでしかならない。私たちが目指す「深い学び」の対極である。道徳の授業において、誰もができるリスクの少ない「自我関与」の指導のポイントを3つ記します。

　1.身の回りのものを補助教材として扱う。
　2.板書に導入を入れる。
　3.中心発問を心情で迫る。

　これでリスクなく、自我関与する。毎週続けることで、自然と道徳の時間を自我関与する力も向上する。

　1.身の回りのもの　　事例　内容（自然との共生）・教材（「屋久島の杉の木」）

　　中心教材「樹齢3000年の屋久杉」に子どもたちは感動する。感動はするが自分事となるか？そこで、導入時、台所のリンゴを補助教材として提示。台所のリンゴ：白い花がこんな真っ赤な美味しそうなリンゴになる。自然ってすごいなあ。とする導入を、屋久杉に生かす。樹齢3000年の屋久杉と台所のリンゴと<u>一緒や</u>。と気づくことで、屋久杉だけでは他人事であった自然との共生が台所のリンゴで自分事になる。もちろん、板書に導入を残しておく。

　2.板　書　　　　　事例　内容（思いやり）・教材（バスと赤ちゃん）

　　補助教材でなく、導入が、学級の様子の場合も同様。「5年2組での毎日で、親切を感じたことはどんなことですか？」「…怪我した時、声をかけてくれた。…忘れ物をした時、貸してくれた。」この怪我や忘れ物を板書に残しておく。これで「運転手や乗客の優しさと5年2組の日常と<u>一緒や</u>」と気づく。これで今日のバスの話

が自分事となる。板書に残すことで、ふりかえりにも生かせる。
3. 中心発問　　　　事例　内容（思いやり）・教材（バスと赤ちゃん）

　　運転手のお母さんへの機転と乗客への配慮は素晴らしい。この素晴らしい行為に焦点を当て、模範的に扱うことはねらいに迫る良き方法の一つである。

　　ただ、行為に焦点が当たると、行為の答え合わせになり、自分ごとでなくなる。強引に、「あなたならどうする？」とすれば、おとなしい子・賢明な子は、私にはできない。と答えを出す。毎週のように私にはできないが続くと、当然自己否定感につながる。道徳の時間の目指すところではない。しかし、心情に焦点を合わすと、その運転手さんの思いと、拍手をした乗客の皆さんと、この私（自分）と同じであることが理解できる。「この素晴らしい運転手さんと私とは一緒や」となる。自分事になる。（もちろん、模範的に扱う授業の進め方もあり、メリットやリスクを知った上で、多様に扱うことが必要である）

> タブーであった「あなたならどうする」発問
> 上記したようにリスクが大きい発問である。もちろん、タブーは求めるものに合わせて変化していく。しかし、そこには確かな理由があった。そのことを踏まえ、多様な発問に向かっていくことが大事である。（詳しくは Q&A P.89 参照）

例え話が必要

　何かを伝える時、私たちは、色々な角度から話をする。同じ話を角度を変えてもうまくいかない場合、別の話で例える。例えば…と今ここでもそうである。読者の皆様に伝えようと、別の話から伝える。

　「このサプリで1週間で3キロ痩せる。1か月分3,000円です」（A）と、この話を何回聞かされてもほぼ気持ちに変化はないし、説得力にも欠ける。

　ここで「100人の方が実践。75人がその効果があった」（B）と、次の情報を提供する。また、「このサプリの効果は○○先生（有名な医者）が作りました」（C）と、次の情報を提供する。心が動く。

　道徳の時間で言うと（A）が中心教材（主に教科書）。（B）、（C）は、補助教材。授業が分かりやすくてこそ、自分の問題として取り組むことができ、自我関与する。また、この補助教材収集は簡単（Q&A P.72参照）。発問で自我関与を求めることに比べ、補助教材で自我関与することの方が、指導者にとっては、やりやすい。

　例え話は、家族の団欒の中で・友人との飲み会の中で・国語の説明文の中で・小説の中で自然と効果的に用いられている。

第2節
内容観点一覧表を楽しむ

内容一覧表の力

学習指導要領解説書 P.26 の内容一覧表

> A－（4）　個性の伸長
> 1・2学年　自分の特徴に気付くこと
> 3・4学年　自分の特徴に気付き、長所を伸ばすこと
> 5・6学年　自分の特徴を知って、短所を改め、長所を伸ばすこと

＜1＞先生の指導が変わる

　この個性の伸長においては「短所を改め」が、5・6年の内容として記述されている。
　だがしかし、目の前の子の行動指導を要すると感じても5・6年でないと指導はない。とするものではない。基本となるものであり、児童の指導をする際に参考とすべきものである。先生が、指導が必要だと判断すれば、指導するのは当然のことである。
　しかし、日々の指導の多くは、自分の経験値や同僚先輩の助言（経験値）で判断している。1年生はこの程度か?! と指導の基準は曖昧である。もちろん、総合的に見ての指導、時期を見ての指導、いろいろな要素があり、誰もが「絶対」と判断して指導しているものではなく、「曖昧」は避けることができないものである。
　ここで、この一覧表を扱う。指導上の児童理解の基本姿勢とする。指導の内容の基本を知った上での、目の前の子どもの指導となる。知った上での指導と経験値だけの指導では、声のかけ方にも違いが出る。
　それぞれの内容において、基本を会得し、自分の判断の参考にすることで子どもに実態に合った専門的な指導が期待できる。
　「指導が精選される」ことで、注意が少なくなり、子どもたちとの信頼関係が高まることになれば、道徳教育の重みも増す。簡単に言えば、先生の生活指導が的を射たものになり、本書はじめの「先生大好き」が道徳教育を中心に展開されていく。

第6章　自己研鑽を楽しむ

＜２＞道徳の時間の指導がぶれない

「これで道徳なのか？」「このねらいでいいのか？」と、不安の声を聞く。内容と発達段階を理解していないことからくるものであろう。特に自作教材においてはその傾向が強く、そのため、実践に踏み切れないということがよくある。せっかくの先生らしさがここで躊躇してしまう。

「このポスターは面白いし、子どもたちと共有したい」一覧表を見ると、「そうか、この内容の時に扱える」と判断できる。この内容だから、こう扱えばよいのかと自分自身の指導の幅が広がる。

一覧表を見る。その日々の自己研鑽は不可欠である。自分らしい授業をぶれることなく実践するために、この一覧表を日常的なものにする。

＜３＞年間を通した取り組みになり、学校教育全般の大局観が持てる

一覧表から、学校教育目標や目指す子ども像との関連を意識する。具体的イメージを持つことになる。他の内容とのつながりや他学年の内容との流れを感じ、「指導の内容」と「子どもの発達段階」を理解していく。

内容一覧表の扱い方

＜日常＞

★覚える必要はない。辞書代わりにする。必要時（授業前後・児童指導前後）いつでも見て確認する。日常的に扱っていくと、自分のものになる。

★日常的に扱えるよう、職員室机等に掲示しておく。

★チェックを入れたり書き込みしたり辞書代わりにする。

★目の前の子どもを見ての「自分の見立て」を軽視することなく、基本を知った上での自分らしい指導を進めていく。

★道徳の時間だけでなく、日常の生徒指導にも活用する。
　また、発達段階における指導の判断基準とする。

＜道徳授業前＞

★自学年だけでなく、他学年の内容を見る。
　見ることで自学年指導の内容がはっきりする。

近江商人十訓で遊んでみましょう。

（　　　）に、何が入りますか？

1. 商売は、世のため、人のための奉仕にして、利益はその（　　　）の報酬なり
2. 店の大小よりも場所の良否、場所の良否よりも（　　　）の如何
3. 売る前の（　　　）より、売った後の（　　　）、これこそ永遠の客を作る
4. （　　　）の少なきを憂うなかれ、（　　　）の足らざるを憂うべし
5. 無理に売るな、客の好むものを売るな、（　　　）になるものを売れ
6. 良きものを売るは善なり、良き品を広告して（　　　）ことはさらに善なり
7. 紙1枚でも景品はお客を喜ばせる。つけてあげるもののないとき、（　　　）を景品にせよ
8. 小札を守れ、値引きは、いたって（　　　）が落ちだ
9. 今日の損益を常に考えよ、今日の損益を明らかにしないでは、（　　　）習慣にせよ
10. 商売には（　　　）はない、いずれにしても儲けねばならぬ

1. 商売は、世のため、人のための奉仕にして、利益はその当然の報酬なり
2. 店の大小よりも場所の良否、場所の良否よりも品の如何
3. 売る前のお世辞より、打った後の奉仕、これこそ永遠の客を作る
4. 資金の少なきを憂うなかれ、信用の足らざるを憂うべし
5. 無理に売るな、客の好むものを売るな、客の為になるものを売れ
6. 良きものを売るは善なり、良き品を広告して多く売ることはさらに善なり
7. 紙1枚でも景品はお客を喜ばせる。つけてあげるもののないとき、笑顔を景品にせよ
8. 小札を守れ、値引きは、いたって気持ちを悪くするくらいが落ちだ
9. 今日の損益を常に考えよ、今日の損益を明らかにしないでは、根につかぬ習慣にせよ
10. 商売には好況不況はない、いずれにしても儲けねばならぬ

第6章　自己研鑽を楽しむ

　ここで、近江商人の十訓を見てみましょう。商売人の世界（教え）も教育の世界（教え）も同じ。共通する点ばかり。生き方探究である。実に面白い。
　売り手良し。買い手良し。世間良し。
　　Ａ「自分に関すること」　　　　　　　　…売り手良し！
　　Ｂ「人との関わりに関すること」　　　　…買い手良し！
　　Ｃ「集団や社会との関わりに関すること」　…世間良し！
　道徳教育の３領域そのものである。Ｃの世間良しの社会貢献あってこそ、商いは成り立つ。Ｃが最重視。今の道徳教育のＡＢＣとどうだろうか。Ｃが最重要となっているだろうか？
　子どもたちにもこの３領域を意識させ、生きる力への基盤としてほしい。道徳教育は面白い。

第3節
道徳授業アイテムで楽しむ

　指導者が授業を進める上で、指導者の支援をしてくれるアイテムを紹介します。これらのアイテムの力によって、理解したり、感じたりすることができる子どもを一人でも二人でも増やすことが期待できます。チョーク1本で授業する技術は必要ですし、目指すところですが、その技術獲得を目指した上で、これらのアイテムを日常的に扱います。これらを、多くの教材で活用できるレギュラーアイテムとして紹介します。その扱い方にそれぞれの先生の魅力と指導観が出てきます。

吹き出し

　発問は、「この男の子は、お母さんに何と言っているでしょう？」
　AとB、どちらがイメージしやすいか？ また、発問に対して、意欲的になりやすいでしょうか？

Bです。また、少し時間がたって、その発問が継続しているとすれば、なおさらBが効果的です。もちろん、この吹き出しが必要のない子もいます。上記したように一人でも二人でも効果を期待してのものです。

〈吹き出しの活用類型⑤〉
① 授業アイテムとして持っておく。いろいろな教材に活用できる。挿し絵だけでなく、TV画面にもポスターにも小物そのものにも。
② 扱うねらいによって、吹き出しの形を変える。
③ 扱うねらいによって、色を変える。
④ 扱うねらいによって、白ではなく、途中まで、書いておくことで、発問のねらいに向かうことも考えられます。

まだまだ、多様に考えられます。ストックしておくことです。もちろん、他の教科でも扱えます。

A：話していること
B：思っていること
C：強い感情や強調したいことなど

矢 印

これも吹き出しと同様、常時使えるようにストックしておきます。

色は、黄色が最も使い勝手が良いですが、黄色中心の赤色とのグラデーションが最も効果的です。黄色と赤色により、全ての色に対応できるからです。これで、どんな挿絵が来ても対応できます。吹き出しと違って、子どもたちの視点をはっきりさせるための効果です。

また、挿し絵だけでなく、いくつか出てきた子ども達の意見の中で、注目させる場合も効果的に働きます。

● 一つの絵である部分を注視させる場合

● 複数ある意見の一つに注視させる場合

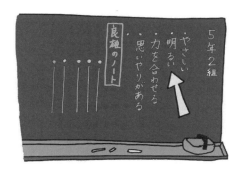

一人でも多くの子に分かりやすい資料提示をとする気持ちが大事です。

日常の掲示物においても効果

道徳の時間だけではありません。他の学習においても、また、日常の掲示物においても効果的に扱うことができます。常時黒板の片隅にあれば便利です。

第6章　自己研鑽を楽しむ

フラッシュカード

〈フラッシュカードの特性〉
① 板書の時間が省ける。
② 板書の字と使い分けができる。
③ 文字を動かせる。
④ 授業後の教室掲示に使える。

研究授業や参観日の時だけ作る方の多くは、①の力しか活用していない傾向があります。②③で授業レベルを上げます。②においては、色や字形を意識します。

③については、水戸黄門の印籠のように前に差し出し、子どもたちの心にその言葉を示します。また、そのフラッシュカードは板書時、飛び回る使い方もできます。導入で使い、展開前段で使い、終末でも使います。また、授業終了後も教室掲示板にそのまま使えるのです。

また、フラッシュカードといえば、前もって作っておくイメージがあると思いますが、これもストックしておきます。白のフラッシュカードでよいのです。

白のフラッシュカードをストック

子どもから引き出したいキーワードであったり、その場で書くところを見せたいキーワードであったりした場合、黒板に書く感覚で、フラッシュカードに書きます。この場合、板書と同じことですから、事前に作成しておく必要がありません。

ディナーベル

　授業中の先生の言葉は、子どもたちにとって、最も重要な学習教材です。1時間の授業で発する言葉は、できる限り、内容に向いたものであるべきです。行動を指示するための言葉は、少なければ少ないほど、内容に関する言葉が生きてきます。当たり前の話ですが、指導技術そのものとも言えます。

　「静かにしなさい。」「こっちを見なさい。」とした言葉は、使わないと心すべきです。ベルを時折使い、声の代わりにしてみます。子どもたちの集中力が上がります。注意すべきは、使い方を勘違いして、カンカンカンカンと力いっぱい鳴らすこと。

　小さな音で、ちりんちりん………そして待つ。

子どもたちが大事にしていたベル

　担任時代、ベルは日常アイテムで、私の机の上に出しっぱなしでした。いろいろなベルがあり、中には、ガラスのものもありました。もちろん、落とせば割れるのですが、子どもたちが落として割ったという記憶は、あまりありません。はじめは、物珍しく触るのですが、そのうち、触ることもなくなります。振り返ってみても、ベルを子どもたちは大事にしていたという印象しかありません。教室に、そっとしておかなければ壊れるものがあり、みんなで大事にしなければならない。と、静かにする以上の効果があったように思います。

第6章　自己研鑽を楽しむ

> **オルゴール**

　医学が発達していなかったころ、心や頭の病に、オルゴールを聞かせたそうです。今でも心や頭に良い効果があります。

　オルゴールの音は、教室の空気を変えてくれる。45分の授業の中でもその使い方は多様。

　♪　　授業スタートの気持ちの切り替えに　　…♫
　♪　　範読時のBGMに　　　　　　　　　　…♫
　♪　　終末の一人ノート学習時に　　　　　　…♫

職員室前廊下のオルゴール

　「次の方のために回してください。」と、メッセージを添えておいておく。

　子どもが廊下のオルゴールに気づき、ねじを回し、オルゴールを楽しむ。聞き終わったり、授業がはじまったりしたら、ねじを回して、教室に向かう。オルゴールは聞き手がいないが、鳴っている。そこへ通りがかった人がオルゴールに気づく。

　「オルゴールや。次の方のためにねじを回して…か」とねじを回す。次の見えていない知らない人のためにねじを回す。

　見えない人を意識する。登場人物の勝くんも鑑真もヘレン・ケラーも実際に会うことはできない。その人のことを考えるのが道徳の時間。ここに同じ感覚がある。

　知らない人のためは、Cの領域。
　社会の一員を突き詰めると、知らない人のために！
　ボランティアを突き詰めると、知らない人のために！
　多様なものの見方を突き詰めると、見えないものを見る！

　知らない人のためにねじを回す。すてきじゃないですか。
　人のために何かすることは子どもも大人も大好きです。

ペープサート

　勝くんは、はじめ辛かった。悲しかった。でもみんなの力で元気が出た。ほらこんな表情に…。と、ペープサートを裏返し、笑顔いっぱいの勝くんになる。（下図）
　道徳に限らず、色々な学習の場でペープサートは活用されている。（ここでは一般的な活用は省略）

　「先生！ 勝くんの服の葉っぱも、花咲いてるで！」「ほんまや、おかしいなあ。」と子どもたちと確認し、考える。

シャツの花が咲くの？

　「ほんまや。これはおかしいなあ。服の絵が変わるはずはないなあ。でも人の表情はこのように変えることができるんやな」と、笑いとともに、ポイントを抑える。面白い！
　…この時の子どもたちの表情の変化が面白かった。
　花が咲いている驚きから、→疑問→納得→笑顔。高学年であったにもかかわらず、最後はみんなで納得し、「そうやなあ」となったことが記憶に残っている。

第4節
意欲的な研究を楽しむ

　道徳の授業づくりを頑張りたいのに、この60年間のように、イマイチ推進しない理由があります。研究は、自己研鑽と校内や研究会等の組織研究の2種で進められます。
　よくある組織運営面での問題があります。道徳授業づくりの研究を進める場合、
A. 既成の読み物教材から研究を進める。
B. 校内研究を「道徳教育」1本で進める。　　…これダメ！
　この二つの悪しきパターンがあります。このために道徳教育推進がどれだけ後れを取ってきたことか。この考え方で進めて成功したという場合も無いことはないでしょうが、自信がない組織スタッフであれば、この2パターンは、避けたいものです。
　Aは、既成の読み物教材の実践は既成の指導案を参考にすることが多い。指導者にとって自信のない「道徳」ですから、当然、これで良いのかと受け身になります。受け身での研究は面白くもなく進みにくい。何より、心の教育に指導者の心が入りにくい。「子どもたちとこれをしたい」という思いで指導者が研究を進めることです。既成の読み物教材（特に指導案）は基礎基本ではありません。勘違いの理由を簡単に説明しておきます。
その1：既成の読み物教材には、素晴らしいものが多くあり、教材力で推進できます。しかし、指導案に頼り、受け身になってしまいます。
その2：指導的立場の指導者が、既成の読み物教材による指導に慣れているためです。既成の読み物教材は、受け身になる傾向があるので、研究はじめの学校は、既成の読み物教材と限定せず、指導者の気持ちが自発的になりやすい自作も取り入れていくことです。
　Bは、学校教育における使命の中心は、学力保障です。研究では当然そのことを意識した取り組みになり、直接学力につながる研究や現在足りない力をつける学習を入れたくなります。「議論」や「グループ学習」や「ノート学習における書く力」等がその現実です。しかし、道徳の時間は、現在ある力を利用し、引き出す抽出型のものです。
　もちろん、学習に直結する学習活動の研究は、学校経営として必要不可欠なものです。ですから、研究は2本で進めるべきです。
　国語や算数の研究と並行して進めることが、道徳指導に不安を抱えている現在、相応しいことと思います。

第5節
指導技術の向上を楽しむ

目指すところが違えば求める技術も違う

　目標は、P.6に記述している通りですが、どんな道徳の時間を目指すかで、具体的な学習内容が変わってきます。技術指導も同様に求めるもので変わってきます。

　議論を目的化している先生方には、その議論する授業イメージの中で、さらに別の技術も必要となってきます。しかし、ここでは、生きる力として生活の中での行動力（実践力）につながる授業づくりをイメージしています。それに伴う技術のひとつが、補助教材の活用です。

先生が面白いと思ったものを教材にする

　乱暴な表現ですが、これぐらいの気持ちで教材収集することをお勧めします。私たち先生が、面白いと思うことの背景に「心」が必ずや関係しているからです。P.69のポスター「ごめんですんだら警察いらんわ」がそうです。見た瞬間、面白い！と感じた方は多いはずです。少年の心からの訴えが共感したのでしょう。それが道徳の時間に必要な要素です。言葉の力を学習した後に、「謝ったのに怒ってる？」なぜ？そこに生活があり行動があるのです。

　「ここに無断駐車した方には、お尻に注射します」の看板、面白い。お尻だけでも面白いのに、駐車と注射をごろ合わせ。なぜ、こんな看板を作ったのか？心を掴み、印象に残すことを考えたのでしょう。

効果①　ルールマナーを考えるに当たり、心がほぐれ授業のスタートが切れる。
　　　　規則・マナーの学

面白いものは、自我関与しやすい

習　かたいイメージから楽しいイメージをもたらしている。（道徳の内容　項目から…規則の尊重・自主自立）

効果②　この病院は困っていたはず。なのに、なぜこんな楽しい看板を作ったのでしょう？…真面目に訴えるより、この方が効果があると考えたからでしょう。人への注意やアドバイスはそうしたものであることを教えてくれる。（相互理解・公徳心）

効果③　自分が病院側なら、どんな看板を考える？　その時、人の思いを踏まえて考える。こんなところでも「心」が大事であることを再認識させてくれる。（社会正義・公共の精神）

効果④　町は、一人ひとりの思いが終結されたもの。みんなで作られているこの町にこの看板があるのは誇らしい。（郷土愛）

　内容項目に当てはめたように、その内容で学習する場合の導入や終末で扱えます。これを提示した時の子どもたちの反応が楽しみになってきます。

　こうしたことは、内容項目は何かと考えずとも私たちは感覚的にこれは子どもの教育に扱えると判断しているものです。ただ、自作オリジナルに慣れていないだけです。ここから先生の指導者としての指導技術が一皮二皮剥けるように思います。自作教材推進者が、技術力をつけたなあと感心する場合が多いです。

　与えられた教科書や既存の教材を扱うことに終始しすぎて子どもたちの興味・関心・発達段階を人に任せてきた経緯があります。多忙の毎日ですが、他の教科教材に比べ、こうした道徳の補助教材は、毎年扱えるところが利点です。しかも年数回扱える点も今の教育アイテムとしてはふさわしいものです。

教材提示の指導技術例

①教材の大きさ

　「ヒキガエルとロバ」の研究授業でのこと。先生が出してきたヒキガエルの写真は、子どもたちの顔より大きく30㎝大もあった。子どもたちが気持ち悪い～と引いている。ヒキガエルが、どんなものか、分かりやすくしようと大きくしたのであろう。

　しかし、この大きな写真によって、ヒキガエルに対する弱きを助けるイメージから遠のいてしまった。子どもたちに伝えたい先生の思いは評価できる。しかし、本時のこの時間の内容からすると、はっきりしなくても小さいカエルが伝わることが優先されるべきことであった。子どもたちのヒキガエルに対する気持ちは、思いやりや優しさ以上に気持ち悪いが上回ってしまった。

　同じことは「お母さんの請求書」の研究授業でも見られた。板書に模造紙大の請求書

が張られた。確かに見えやすい。しかし、お母さんの切なさが消えてしまっていた。ここは、リアルの大きさが良い。手間だが、子どもの数だけ用意する。（実は模造紙に書くより、はるかに手っ取り速い）それを子どもが、一人ひとり、手に取り、広げる。

ヒキガエルのことも領収書のことも、道徳の時間においては大きな問題で、子どもたちが共感したり、感動したり、批判したりする心の動きを生み出す状況理解は、大きく影響する。自我関与するか否かの瀬戸際であろう。

また、見せ方にも指導力が出る。常に同じ角度で同じように見せることにこだわらず、色々な角度、色々な場所でしてみると楽しい。

②提示の仕方　＜例＞１枚絵やポスターを提示する場合
1．まず、廊下側の子どもたちに見せます。
2．見た子どもたちは、「え〜〜〜〜〜〜！」
3．反対側の子らは、「見えません！」
4．反対側の子らにまず、見た子どもたちの反応を知らせ、予想させ、見る意欲を高めるのです。
　そして、分かりました。と、見せるのです。

TVのバラエティー番組で良く使っている手法です。

そのものを見せずにスタジオ参加の皆さんの表情を見せ、CMになる。見れない時間をも楽しませ、教材への集中力を上げたり、課題意識を持たせたりします。

本書ではこのように　①教材の大きさと②提示の仕方を紹介しましたが、他にも子どもたちへの効果を考えた工夫は、いくらでもあります。Ｐ３２の指導者の立ち位置もＰ１４５のフラッシュカードの使い方も同様です。指導者の遊び心で「先生が楽しむ」ように、技術向上を楽しむことです。

技術向上は、座学ではありません。読んでも見ても技術向上はありません。教室で実践してみて、初めて向上するものです。

第6章　自己研鑽を楽しむ

第6節
多忙感を楽しむ

　本書は忙しい先生方の現実を棚の上にあげて、頑張れ、頑張ろうとする応援書ではなく、常に効率よい研究推進を意識しています。

その1　一人で楽しむ多忙感　「繰り返し術」

　「学校は、新しいことを教えてもらえる場所」時代の感覚が残っているのでしょうか、先生は子どもからの「それ、前にしたで」の声を恐れている。情報化社会になり、誰もが多くの情報を難なく手に入れることができる。保護者も簡単に指導書を手に入れることができ、「うちの担任先生の教え方はおかしい」となる。

　一度したことは値打ちがないと考えるのは、知識注入型時代の話である。今は、いかにその知識・情報を生かしていくかが、指導者の力量。また定着を考えた場合、くり返すその効果は、大きいはず。「前にした」の子どもの声をいかに生かすか？

終末 or 展開後段で

「優」の扱い方

| 優 |
| イ |
| 憂 |

T：今日は最後に漢字のプレゼントをします。
T：これです。何と読みますか？
C：やさしい。
T：そう。では、これだけやったら？
C：人。
T：では、これだけやったら？
C：？？？？？
T：うれいと読みます。心配や悲しみという意味です。
T：今日みんなは、勝君（登場人物）のことを心配しました。悲しみを理解しました。悲しみ 憂 が分かった 人 …また、優しい人 になりました。）
T：それでは、今日の学習の整理をしてください。

くり返す 「それ、前にしたで」法

2週前の終末で扱った漢字「優」を再度使います。授業は「泣いた赤鬼」。いよいよ終末。

T：今日は漢字のプレゼントをします。これです。
C：先生、前に、しました！
T：そう？…前は誰が出てきたの？
C：勝くんと道子さん。
T：そう？ この漢字にはどんな意味があるの？
C：悲しみや心配。
T：そう？ でも今日は？

> 参観日に最高です。
> この漢字の扱い方は「学習定着」ですが、分かりやすく、保護者の方に好評です。多数の方が、うなずく場面です。また、「前にした」復習が、道徳の授業の連続性を伝え、大事にしていることを伝えることとなります。

…赤鬼と青鬼。一緒ですね。として、2週前の授業と本時を結び付ける。1時間の道徳を孤立させず、つないでいる意識を持たせます。

また、2か月後に同じ手を使うのです。こうして、3回目には、「今日は、サムでしたね。」と、過去の授業と結びつけます。前の学年の先生がしていたなら、なお、効果的です。3年も今年の4年も同じやな。と1年越しの授業をつなげます。つなぎ方は、多様。登場人物でつなぐのも良し。内容項目でつなぐのも良し。

今回は、補助教材が、漢字「優」でしたが、「辛からの幸」「(しん)友」等も繰り返すことです。漢字だけではありません。ポスターやことわざも同じことです。英語でおしゃれに終末も効果的です。子どもたちは、喜んで家に持ってかえり、今日の道徳の話をします。補助教材が多く必要なんていうことはありません。簡単に見つかりますし、新しいものを使わず、くりかえし、教材を使うことは重要です。

その2　みんなで楽しむ多忙感（学校組織でできる多忙感対策）

第4章と重なりますが、ここでは多忙感対策を楽しむことに焦点を当てて述べます。

<u>研究授業</u>

校内研究は、みんなで取り組む。とテーマ等にも掲げながら、結局は、担当の学年だけの研究になっているということが多い。

そこで、研究授業で公開された教材は、全校で実施することを位置付ける。教材がどの学年に相応しいかは大きな問題とせず、その実践から生まれる効果が大きいことを重視する。

多くの教材は、扱い方で、どの学年も扱える。今、「泣いた赤鬼　指導案」を検索すれば、小学校1年から、中学校3年まで、公表されている。研究授業が年3回あれば、担任は、3つの教材を実践できる。実践した後、自然と職員室において、話題となるのは言うまでもない。職員室での日常的な話題が、何よりもの研究推進であり、目指すところである。

授業研究会の後なら、授業研究に時間を取られることなく、すっと授業ができることも大きい。また、後の自分の授業のためと意識すれば、研究協議会にも力が入る。

> 教材活用が学年を超えることで、
> ●求める内容・ねらいが学年によって、相応しいか確認できる。
> ●相応しい発問を発達段階を意識して考えることになる。
> ●板書・終末ノートも同様、発達段階を意識する。
> ●児童の反応から、発達段階を意識した児童理解が進む。

こんな素晴らしい実践方法が、今まで進められなかった要因は、教材を学年固定していたためである。

「何年でも扱える」さあ、思い切って取り組んでほしい。派生するメリットは多い。

●全校共通教材道徳

●学年ローテーション道徳

●担任外授業

技術習得においても

多忙感対策においても　　大きな光になる推進方法

<u>全校共通教材道徳</u>

　上記研究授業実践は、授業者や学年から提案された教材。道徳部や研究部でまた管理職（校長先生おすすめ教材）で、そうした視点で教材を一つ選択、全校で実施する。それぞれ部としての教材研究・管理職としての教材研究が、主体的になり、道徳推進に関わる。当然1で記した職員室での効果・技術力向上効果・多忙感対策効果はある。

> 〈ポイント〉①
> 　授業がうまくいかなかった場合、1も2も指導者が、「この教材は、ふさわしくない」（主にこの学年では無理）と処理してしまうことがある。指導の見直しとともに、「学年内容の発達段階」「児童理解の発達段階」を意識したことが大きな足跡であり、指導内容一覧表の日常化につながれば大きな前進となる。

ローテーション道徳

　同教材を、学年でローテーションして、進める。実践しているところはある。学年４学級であれば、一人の指導者が、４週連続同じ教材を実践できる。当然技術向上が期待できる。準備も軽減される。年度当初に、時間割の統一は必要。

〈ポイント〉②
　指導力や学級状況が同レベルであることが望ましい。しかし、どの学級も同様に落ち着いた学習集団になっているわけではない。指導力の差が出にくい展開で、実践していくことが望ましい。
　例えば、４人ともが、議論する授業を目指した場合、上手くいかなかったときに指導者のストレスは、自学級におけるストレスより、大きい。これならばしない方が子どもたちのためにも良いとなる。
　指導力に左右されにくい授業として、発表を求めない教材力に頼る授業が望ましい。例えば、ぼくの生まれた日「ドラえもん」（教科書：あかつき４年）ヘレンと共に（教科書：日本文教出版５年）などで、アニメや映画を見せることを中心に展開する。また、エンカウンター道徳も取り組みやすい。

担任外授業

　みんなが指導者になる。他学年交流ももちろんのこと、養護教諭・栄養教員・管理職などもその対象。地域やPTAも同様。みんなが指導者になる。道徳科の目標である「よりよく生きていこうとする力の育成」は誰もが目指すもの。また、多忙感は世の中全ての問題。失敗は問題視せず、遊び感覚で授業実践を進めていきたい。その遊び感覚が１０年後には、まさかの教材を当たり前の教材にし、まさかの授業を当たり前の授業にする。そうした授業が生きる力をつける授業になることは容易に予想できる。

〈ポイント〉③
　年度当初から、道徳の時間を全校、同時間に設定しておくと進めやすい。
　上記ポイント①②も参照。

おしゃべりゲーム作品集

　長年の道徳授業の実践から、これから未来のある先生方に、一つおすすめを挙げるとすれば、「バスと赤ちゃん」でもなく、「鑑真」でもなく、「父の言葉」でもなく、「365×14回のありがとう」でもなく、「お母さんの請求書」でもなく、このおしゃべりゲームをおすすめします。（詳細についてはP.110参照）

　　P.158　　おしゃべり基本
　　　159　　おしゃべり基本
　　　160　　おしゃべり「修学旅行①②」
　　　161　　おしゃべり「卒業式①②」
　　　162　　おしゃべり「山の家（宿泊学習）」
　　　164　　おしゃべり「1～4年」
　　　165　　おしゃべりゲーム（白）

1. 行事と関連付けるのは効果的。一度や二度の先生からの行事の説明では実感しないことも友だちのおしゃべりで確かな情報収集となります。（P.162）
　　Q．パンツを忘れたらどうしますか？（P.162）
　　　　A君　　…パス…。
　　　　B君　　…そのまま、はきかえない。
　　　　Cさん　…僕もそう。そのまま、はいてる。
　　　　Dさん　…私は先生に言う。
　　　　　　　　…説明会では、なんでも先生に聞きに来なさいって言ってたけど、ほんまや。先生に聞きに行かはるんや。それに、そのままはくって…。なんだか安心した。

2. （P.164）の選択質問：これなら答えやすい。苦手な子用に意識して作成したものです。

3. （P.165）のこの（白）と、サイコロさえあれば、5分もあれば自作資料の完成です。手書きで十分、絵も必要ありません。

パフェとカレー どっちが好き？

家族の自慢は、何ですか？

最近 感動したことは？

最近 うれしかったことは？

 イヌとネコ どっちが好き？

 好きな有名人は誰？

友だちと行ってみたいところは？

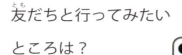

最近 失敗したことは？

大人になったら何になりたい？

さんまさんに会ったら何て言いますか？

最近 腹立ったことは？

宝物は 何ですか？

おしゃべりゲーム　修学旅行①（6年）

修学旅行で一番楽しみにしていることはなんですか？	家族のことが恋しくなったらどうしますか？	おみやげはだれに買いますか。また，どのようなものを買いますか？
グループ活動中，友だちと意見が合わずにケンカになったら，あなたはどうしますか？	目の前に豪華な食事が並んでいます。あったらいいなと思うメニューはなんですか？	まくら投げはしますか？

おしゃべりゲーム　修学旅行②

なんと部屋のテレビがつくではありませんか。こっそりと観ますか？	隣の席の友だちが乗り物酔いをしているようです。あなたはどうしますか？	財布の中を見ると，家族の人が，おこづかいをこっそり多めに用意してくれていました。先生に正直に言いますか？
お風呂に入ります。どこから洗いますか？	 6年生にとって修学旅行はなんのためにあるのでしょうか？	行ってみたい旅行先はありますか。

作：本田拓平

おしゃべりゲーム　卒業式①（6年）

 卒業式で一番がんばりたいことはなんですか？	 家族の人から「おめでとう」と言われたら，どんな言葉を返しますか？	 小学校生活をふり返って，一番の思い出はなんですか？
 今だから言える，小学校生活においてのひみつのことは？（人や自分を傷つけない内容）	 中学校に進学したら，どんなことを目標にしてがんばりますか？	 担任の先生に言いたいことはありますか？

おしゃべりゲーム　卒業式②

 ともに卒業する友だちへなにか一言送りましょう。	 小学校生活をふり返って，成長したなと思うことは？	 卒業式にみんなで歌いたい歌はありますか？
 卒業式までの残りわずかな時間だからこそ，クラスのみんなで取り組みたいことはありますか？	 今まで食べた給食で，一番心に残っている献立はなんですか？	 卒業式，涙はこらえられますか？

作：本田拓平

おしゃべりゲーム　山の家（4・5年　宿泊合宿）

山の家で、一番の
楽しみは何ですか？

山の家の活動で
がんばろうと思っている
ことは何ですか？

着がえのパンツを
わすれたらどうしますか？

どれが一番楽しみですか？
①みんなでおふろ
②みんなでごはん
③みんなでねること

山の家の四日間で
こまった時に、だれに一番に
相談しますか？

山の家の四日間で（少し）
気になっていることは
何ですか？

山の家で、係は何ですか？
また、何に気を付けて
がんばろうと思いますか？

家族とはなれて
さびしくないですか？

山の家の四日間の間に
おなかがすいたら
どうしますか？

どれが一番楽しみですか？
①みんなでおふろ
②みんなでごはん
③みんなでねること

山の家がどこ（何県）に
あるか知っていますか？

友達がルールいはんを
さそってきたらどうしますか？
①いっしょにする
②自分はやめる
③相手をやめさせる
④先生に言う
⑤他の友達に言う

作：秋山優人

教材収集は簡単すぎる
今までになく、良い授業になりました。

　うれしい話です。

　クリスマス前のこと（12月17日）です。若い先生5人と勉強会をしていました。終わってから立ち話で、「明日、クリスマスの授業（教材：サンタクロースって本当にいるのですか？）をするのですが、何か良いアイデアはないでしょうか」と質問される。動画やカードや折り紙での実践はあるが、もちろん、準備していないので、携帯で動画を見せ、簡単に話す。
　次の日、「これを終末に使ったら、今までになく良い授業になりました。」とラインで報告とともに、そのCMを送ってきた。
　CM（コーラ）のキャッチコピーは、「誰かのサンタになろう」。なんと、センスが良いと感心。

　このころ、毎日流れていたCMです。簡単に手に入るのです。

　中心教材で感じ、終末にCMを使う。そのテーマが「誰かのサンタになろう」。これはいい授業になる。私もやってみたくなる。指導者や学級の力量に左右されることもない。前日の夜の勉強会が終わるまでは、その発想がなかったことからも、…発想の転換だけで、簡単にできたこと。採用1年目の先生で、慣習にとらわれなかったこともありますがそのセンスも素敵ですね。自ら作ったこの授業、この先10年も20年も使えることでしょう。この授業はラッキーパンチでできたのではありません。この先生が子供たちに共有したいものを授業に取り入れたいとする熱い思いから生まれたものです。
　身の回りの教材を使うことで自我関与。読み物教材とCM教材を板書に位置付けることで自我関与。
　本当に、うれしいことでした。

P.S.　余談ですが、このサンタのCM「誰かのサンタになろう」は、1年の中で「何回も（他の中心教材でも）使える」「いつでも（7月でも）使える」発想の転換も読者の皆様に伝えたいことです。

1〜4年

すきな あそびは？ ⚄	⚀ さいきん、かなしかったことは？	⚃ たんにんの先生の良いところは？
⚁ さいきん、うれしかったことは？	大人になったらどんなしごとがしたい？ ⚂	だれかにしんせつにしてもらったことは？ ⚅

1〜4年（選択問題）

⚀ どちらが、すき？　犬？　ねこ？	⚁ 忘れたら「いや」なのは、どっち？ ①　しゅくだい ②　たいそうふく	⚂ 今、食べるなら、どっち？ ①ケーキ？　②アイス？ それは、何ケーキ？ それは、何アイス？
⚃ おにぎりの中に何が入ってたら、うれしい？ ①　うめぼし ②　さけ ③　シーチキン ④　からあげ ⑤　こんぶ	⚄ どちらになりたい？ ①　アンパンマン ②　ドラえもん	⚅ かぞくは、何人ですか？

自作用

ほっと一息 ⑧

一番の授業は
「カーネーションの描き方」でした。

　京都市小学校での研修会でのことです。京都市立小学校で専科授業者をしていた時代に、私の授業を2〜3年受けていた子どもが教員になり、(採用1年目) 4年生の担任をしていました。研修会が始まり、私は嬉しくて、私の横に座ってもらいアシスタントをお願いしました。
　いろいろと打ち合わせのない掛け合いをしながら進めていました。その一つに、
　「先生(筆者)の授業を受けて、その中で一番良かったのは、何でしたか？」
　…ドラえもんか？ ヘレンケラーか？サトウキビ畑か？いや…ええとこあるやんかゲームか？ おしゃべりゲームか？と、何を言ってくれるのかと、うきうきしていました。
　「カーネーションの描き方を教えてもらった授業です。」え〜〜〜〜。全く予想していないものでした。年に2回程度は、プレゼントカード学習を位置付けていました。カーネーションは「家族愛」をテーマにした授業で、大よそ「お母さんの請求書」か「案山子(さだまさし)」か「ぼくの生まれた日(ドラえもん)」だったのでしょう。そこで、カーネーションの描き方を紹介し、カード作成をします。それがこの時思い出した授業だったのです。

＜苦手な子も大丈夫！＞　色は花部分は、ピンクと赤。茎葉は、緑と黄緑。混ぜること。

①	②	③

(花) ギザギザをかく	(葉と茎) 線を引く	黄色でおしゃれに仕上げる

おわりに

　本書は、「一人道徳」「自我関与」を中心に、テーマ『先生が楽しい道徳』に迫っている。

　人は、何か大事なこと、大変なことを判断するとき、一人で判断する。一人で自分の部屋で、自分のベッドで、「よし、こうしよう！」と判断する。一人の時間である。生きる力の育成に、この一人の時間の判断力が最も重要であり、一人の時間に正しい判断ができてこその集団社会に生きる力になり、対人関係における力になる。

　いじめ、自殺、不登校、SNSトラブル等、今、子供たちを取り巻く現代的な課題は、大きく、道徳教育にその抑制・未然防止・解決を求める声は大きい。そのトラブルの要因は、相手意識の不足を中心とした他の人との関わりや集団との関わりに焦点が当たっている。当然のことである。一人で成立している問題ではない。

　道徳の時間においてもその視点が強調され、そうした現代的な課題に対応する内容も、B：人との関わり・C：集団との関わりを重点としていることが多い。また、授業の進め方としては、展開面の研究が中心で、議論や対話やスキル等、人との関わりが重視されている。それらは、本来、その一人の時間の判断が確かであってこそのもので、ほかの教科授業ですべきこととの線引きが必要です。道徳の時間が心を使い判断力をつける場になることを願い、「一人道徳」とし、啓発している。

　また、指導のポイントとして「自我関与」に視点を当て、「身の回りのものを補助教材にする」「板書に導入・終末を残す」「ノートでの学習整理」これらを重要視している。この自我関与を重視する学習が、生活に生きる、行動につながる道徳授業になると実感しています。これも本書テーマ『先生が楽しい道徳』の大きな柱であり、先生自らが、授業づくりに自分らしさを出し、自我関与することを願っている。

　現場のみなさんを応援する意図から作成した故、読みやすさを強調しました。そのため、挿絵や写真を多く取り入れました。ケリーズ工房の作家Amikoさんには、本書用に多くの挿絵を作成していただきました。また、実写でお伝えするため、各出版社や新聞社、ポスターやパンフレット所有の各組織の皆様方には、大変ご協力いただき、この本の完成となっています。まことに御礼申し上げます。皆様の力が本書と共に全国の現場の先生方を応援することになることを願って、終筆します。

平成31年1月

著者　毛利　豊和

毛利　豊和

　京都市教育委員会（教育相談総合センター）で専門主事として勤務。また、京都文教大学・京都外国語大学・京都華頂大学において、非常勤講師として「道徳教育」の授業を実践している。（H31年3月現在）
　京都市公立小学校で32年勤務・京都市立児童館3年間勤務。
　研究テーマは、「確かな基本・遊び心・簡単意識　～ 一人道徳 ～」とし、「現場の先生が私もしたい・私にもできるとする意欲を持つ」指導を進めている。
　「講演・指導助言」で京都を中心に全国（大阪・滋賀・岡山・北海道等）で指導実践。平成30年度は、のべ50回を超え、全国の先生方に「先生が楽しめる道徳」を推進している。また、講演・指導助言だけでなく、「師範授業」として小中学校現場での授業実践も数多い。

先生が楽しい！道徳授業の作り方

2019年（平成31年）3月30日　初版発行

著　　　者　　毛利　豊和
挿　　　画　　Amiko
発　行　者　　佐々木　秀樹
発　行　所　　三晃書房
　　　　　　　〒558-0041 大阪市住吉区南住吉 4-7-5
　　　　　　　TEL 06-6695-1500
印刷・製本　　シナノ書籍印刷株式会社

ⓒ 2019 Mouri Toyokazu　　Printed in Japan
ISBN978-4-7830-8018-3
定価はカバーに表示してあります。
本書の無断転載・複製を禁じます。
乱丁・落丁本は購入書店名を明記の上、小社業務部（TEL：06-6695-1500）あてにお送りください。
送料小社負担にてお取替えいたします。